ECLETISMO PAULISTA

JOAQUIM CAVALHEIRO: UM "ARQUITETO-CONSTRUTOR" NO BRÁS E NA MOOCA

Pelo direito à cidade, sua memória e história.

ECLETISMO PAULISTA

JOAQUIM CAVALHEIRO: UM "ARQUITETO-CONSTRUTOR" NO BRÁS E NA MOOCA

Lindener Pareto Jr.

CULTURA ACADÊMICA
Editora

© 2015 Cultura Acadêmica

Cultura Acadêmica
Praça da Sé, 108
01001-900 – São Paulo – SP
Tel.: (0xx11) 3242-7171
Fax: (0xx11) 3242-7172
www.culturaacademica.com.br
www.livrariaunesp.com.br
feu@editora.unesp.br

CIP-Brasil. Catalogação na publicação
Sindicato Nacional dos Editores de Livros, RJ

P255j
    Pareto Júnior, Lindener
    Joaquim Cavalheiro: um "arquiteto-construtor" no Brás e na Mooca / Lindener Pareto Júnior. – 1.ed. – São Paulo: Cultura Acadêmica, 2015.
    ISBN 978-85-7983-677-0

    1. Cavalheiro, Joaquim Carlos Augusto, 1856-1940. 2. Arquitetura – São Paulo (SP). 3. Habitações – São Paulo (SP). I. Título.

15-27776   CDD: 720.98161
                   CDU: 728(815.61)

Editora afiliada:

Asociación de Editoriales Universitarias
de América Latina y el Caribe

Associação Brasileira de
Editoras Universitárias

AGRADECIMENTOS

Lembramos que a possibilidade de narrar aspectos da vida do construtor Joaquim Carlos Augusto Cavalheiro foi possível graças à boa vontade e generosidade dos irmãos Ricardo Mendes, Rogério Mendes e Renato Mendes. Bisnetos de Joaquim Cavalheiro, os irmãos Mendes guardaram com zelo e permitiram acesso ao inestimável acervo de fontes primárias relativas ao construtor. Meu especial agradecimento aos queridos Rogério e Orlando Mendes (pai dos irmãos), que mais de uma vez me receberam com simpatia, bolos, cafés, prosa e poesia.
Agradeço também pela generosidade e pelas observações dos professores e historiadores Beatriz Bueno, Bruno Fabris Estefanes, Fernando Atique, Sylvia Ficher, Fábio Augusto Morales, Paulo Garcez, Heliana Angotti, Sheila Schneck, Heloísa Barbuy, Mirza Pelliccicotta, Alain El Youssef, André (Godinho) Nicácio Lima, Tâmis Parron, Cristina de Campos, Gilberto da Silva Francisco, Luís Ferla, Maíra Rosin e do geógrafo Victor Ricardini.
A Waldir Salvadore, Edna Onodera, Roger Sassaki, Lígia Minami, Gerson Tung, Kátia Donley e toda equipe da Casa Ranzini, meus mais afetuosos agradecimentos.

À Sueli, mãe da minha filosofia.
Ao Lindener Pai, meu camarada.

SUMÁRIO

APRESENTAÇÃO
Do arquivo à cidade.. 9
Desafio biográfico
*Da trajetória trivial de um sujeito no cotidiano comum
à revisão historiográfica*.. 11

CAPÍTULO 1
**Por uma história da Arquitetura
"escovada a contrapelo"**... 21
*Entre uma lápide no Cemitério da Consolação e o
esquecimento na profissão*... 21
Os indícios das fontes e os sujeitos... 27

CAPÍTULO 2
Construindo a profissão... 51
Aspectos de um quadro profissional em construção............. 54

CAPÍTULO 3
Joaquim Carlos Augusto Cavalheiro.................................... 69
Francisco Cavalheiro, o pai.. 69
Major Joaquim, o filho... 76

CAPÍTULO 4
Cavalheiro e suas obras... 91
Uma produção para além do Brás e da Mooca..................... 91
Programas e tipologias edilícias.. 98
O canteiro de obras.. 114
Casas de Joaquim.. 124
Portas e janelas entreabertas.. 146

Referências bibliográficas... 151
Iconografia.. 159

APRESENTAÇÃO
DO ARQUIVO À CIDADE

As linhas que se seguem, como um dos volumes da coleção "Ecletismo Paulista", são em parte resultado da dissertação de mestrado defendida em 2011 na Faculdade de Arquitetura e Urbanismo da USP, e em parte um oportuno encontro com o historiador Waldir Salvadore, um dos idealizadores da Casa Ranzini e autor do volume sobre o "arquiteto licenciado" Felisberto Ranzini, uma das principais figuras à frente do Escritório Técnico Ramos de Azevedo. Em nossa dissertação, *o cotidiano em construção: os práticos licenciados em São Paulo, 1893-1933*,[1] evidenciamos a atuação de uma série de construtores que não passou pelos bancos universitários e que fez parte de uma cultura profissional que esteve ao largo da restrição que a obrigatoriedade do diploma passou a impor a partir da regulamentação da profissão de engenheiro, arquiteto e agrimensor em 1933. Nossa principal fonte documental, a Série Obras Particulares do Arquivo Histórico Municipal Washington Luís (AHMWL), em São Paulo, possibilitou o levantamento sistemático de centenas de nomes que de alguma forma estavam ligados à produção do espaço urbano da cidade de São Paulo, mas que por diversos motivos ainda não mereceram a de-

---
1 Dissertação orientada pela Profª Drª Beatriz Piccolotto Siqueira Bueno.

vida atenção dos estudiosos do patrimônio cultural edificado paulistano. Interessa ressaltar que os construtores estudados na referida dissertação produziram em larga escala o espaço urbano dos bairros centrais, entre outros o Brás, a Mooca, a Bela Vista, a Liberdade e a Santa Cecília. No entanto, para um sujeito que não cresceu na cidade de São Paulo – ou que, em seus espaços urbanos segregados e alienados, nunca prestou atenção à formação histórica da cidade – e que só passou a compreendê-la a partir das fontes primárias de um arquivo, vislumbrar o que restou da materialidade edificada de outrora (principalmente de uma arquitetura que não figura nos tradicionais padrões de monumentalidade) é tarefa árdua, que ganhou novos sentidos com os apontamentos de um historiador e conhecedor do Brás e da Mooca, com evidências recolhidas ao longo de uma vida: Waldir Salvadore. Assim, teoria e prática se encontraram nas simultâneas Pauliceias que ainda coexistem e resistem em nossa paisagem urbana.

Lindener Pareto Jr.

DESAFIO BIOGRÁFICO

Da trajetória trivial de um sujeito no cotidiano comum à revisão historiográfica

Revisitar o "Ecletismo Paulista" pelas mãos de Lindener Pareto Junior é percorrer a trajetória da arquitetura de São Paulo de um outro ponto de vista. Na contramão, significa não contemplar obras monumentais e arquitetos consagrados, mas adentrar no universo das edificações comuns – no sentido do corriqueiro, não excepcional – elaboradas por atores ainda sem face, preteridos pela História, embora igualmente representativos em quantidade e em qualidade.

A iniciativa dos idealizadores da "Casa Ranzini" é louvável ao publicar a produção intelectual de uma nova geração de pesquisadores que elegeram objetos de estudos e atores menos glamourosos, todavia, nem por isso menos importantes.

O livro que o leitor tem em mãos tem o frescor dos ensaios inéditos que ousam mergulhar mais fundo para além dos clichês formulados com base em evidências empíricas mais chamativas.

Convém lembrar que a História é filha do tempo e que novas indagações motivam essa geração de jovens historiadores na qual Lindener Pareto Junior se insere com pioneirismo em inúmeros aspectos.

Pioneiro ao eleger os construtores não diplomados como objeto de estudo na dissertação de mestrado "O cotidiano em construção: os práticos licenciados em São Paulo, 1893-1933" realizada na FAUUSP, em 2011, sob nossa orientação. Pioneiro ao eleger uma série documental inédita para alicerçar suas hipóteses sobre o anonimato desses sujeitos e ousar inseri-los na historiografia a contrapelo. Pioneiro ao lançar luz numa plêiade de homens cuja competência profissional foi imprescindível para a construção da cidade de São Paulo num momento de profundas transformações e expansão na virada do século XIX para o XX. Pioneiro ao ousar problematizar o anonimato historiográfico desses indivíduos e perceber que derivou do acirramento da competição entre diplomados e não diplomados num cenário em que os primeiros começaram a avultar e disputar mercado com os últimos que imperaram em tempos precedentes. Pioneiro ao desnaturalizar o processo de regulamentação da profissão de engenheiro, arquiteto e agrimensor, percebendo que a prática subvertia a norma – como sempre – e evidenciando um conjunto de construtores e empreiteiros que não passaram pelos bancos universitários mesmo quando a legislação insistia em restringir sua atuação para dar lugar à recente leva de diplomados que emergia das escolas de engenharia a partir do início do século XX. Pioneiro ao fugir dos grandes arquitetos - estrangeiros ou diplomados fora do país como Ramos de Azevedo, Victor Dubugras, Max Hehl, Samuel das Neves, Carlos Ekman, Giulio Michelli - e explorar sujeitos menos notáveis e igualmente responsáveis pela produção da Arquitetura Eclética em São Paulo, projetando expressivo conjunto de casas e programas edilícios menos nobres como edifícios de uso misto, armazéns, padarias, cocheiras, oficinas, que compuseram o grosso da tessitura urbana da cidade.

Para o autor, a eleição de Joaquim Carlos Augusto Cavalheiro foi uma estratégia para aprofundar questões levantadas na dissertação de mestrado supracitada, permitindo refinar o debate. Por meio de um estudo biográfico, o autor nos faculta imaginar o universo de atuação de outros tantos não diplomados com perfil social e profissional semelhante. Permite aferir o potencial de séries documentais burocráticas - como são as permissões de construção – que digitalizadas e informatizadas constituem um corpus privilegiado para fundamentar grandes reviravoltas historiográficas. Afinal como seria possível descortinar tantos novos atores sem a informatização de um conjunto de 70 mil processos e desenhos arquitetônicos datados de 1906 a 1921 (www.projetosirca.com.br), algo que coleções afins localizadas no Rio de Janeiro, Campinas, Jaú e Lyon ainda carecem e esperam?

Estudos como o de Lindener Pareto Junior permitem problematizar o "esquecimento" e o "anonimato" como construções historiográficas, sem correspondência com a realidade. Aliás, Cavalheiro jamais fora anônimo no seu tempo, muito menos irrelevante profissionalmente, tendo assinado 445 projetos de reforma ou construção entre 1906 e 1915, algo nada desprezível. Livros como o que o leitor tem em mãos permitem refletir sobre como se deu o árduo embate – aparentemente apaziguado pela historiografia – entre "diplomados" e seus concorrentes "práticos" que assumiam muitos canteiros de obras num momento em que o ensino da arquitetura e da engenharia estava se institucionalizando. Afinal, sequer imaginávamos que os diplomados tiveram de lutar para se impor e, para tanto, tiveram de militar politicamente no sentido de regular a profissão e restringir a atuação de outros em prol do exclusivismo profissional. Livros como este permitem ainda imaginar o funcionamento dos canteiros de obras, das hierarquias profissionais que iam do empreiteiro ao peão. Por fim, permitem problematizar a noção de projeto mesmo para uma arquitetura mais comezinha que parecia dele prescindir pela simplicidade dos seus arranjos compositivos e decorativos.

Por outro lado, do ponto de vista da História do Urbanismo, o livro põe luz em facetas desconhecidas da produção material de certos bairros da cidade, precisando nomes dos inúmeros atores envolvidos na construção de imóveis no âmbito de um efervescente mercado imobiliário rentista, bem como precisando pormenores de tipologias e programas edilícios comuns e processos de apropriação e vulgarização de repertórios eruditos em obras menos monumentais. Permite ainda pensar na cidade como uma grande obra coletiva resultante de pequenas arquiteturas fruto de ações individuais e entender o potencial de regulação – ou não – da legislação sanitária em voga e o poder de controle da burocracia municipal em bairros centrais e suburbanos.

Com a poesia e a escrita agradável que lhe é peculiar, Lindener Pareto Junior inova em diversas direções, tecendo com base nos milhares de processos consultados na Série Obras Particulares do Arquivo Histórico de São Paulo uma instigante trama que deixa o leitor com gosto de quero mais, nos incitando a adentrar as inúmeras portas abertas nas linhas e entrelinhas de seu discurso.

Afinal é disso que também se trata: de um jovem historiador que muito engrandece a historiografia sobre o Ecletismo, construindo uma nova forma de abordar velhos temas por meio de novas fontes documentais.

Das fontes visuais mobilizadas saltam aos olhos do leitor a arquitetura típica do casario que marca a paisagem de bairros suburbanos como o Brás, a Mooca, o Bexiga, entre outros. Entre os projetos destinados a atender os anseios de controle de uma burocracia municipal em vias de modernização dos seus instrumentos de regulação, sobressai a intensa atuação profissional de sujeitos que pareciam inexistir no cenário urbano, corroborando a hipótese de que a parte da cidade menos monumental também mereceu assinatura.

Surpreende ainda o fato de Cavalheiro e seus descendentes estarem sepultados lado a lado de grandes arquitetos como Ramos de Azevedo no Cemitério da Consolação, o que nos leva a pensar sobre o status social desses coadjuvantes e seus índices de riqueza. O autor mostra que a ausência de título acadêmico não significava ausência de erudição, tampouco de prestigio. Afinal assinar 445 projetos entre 1906 e 1915 revela ser Joaquim Carlos Augusto Cavalheiro um grande empreiteiro, não por acaso ladeado a Ramos de Azevedo, Carlos Ekman e Auguste Fried ou Giulio Michelli na categoria "Empreiteiros de Obras" dos almanaques da época. Além de empreiteiro, Cavalheiro e muitos dos seus pares atuaram também como "empresários e capitalistas" adentrando no lucrativo mercado imobiliário em ebulição e empreendendo projetos de construções novas e reformas para si. O fato de não ter passado pelos bancos do Liceu de Artes e Ofícios, tampouco pela Escola Politécnica ou pelo Mackenzie College, não lhe impediram de atuar e amealhar fortuna maior que muitos dos seus contemporâneos diplomados e gozar de reconhecimento.

As fotos vão dando faces a esses homens e por meio dos registros municipais é possível ainda desvendar suas procedências, lugares de nascimento e residência, bem como endereço dos seus escritórios.

Ao sair do anonimato historiográfico esses homens permitem reescrever a História da Arquitetura de São Paulo e redimensionar o "Ecletismo Paulista" tal como propõe a coleção na qual o livro se insere.

Cavalheiro, Marzo, Kanz, Milanesi, Belleza são sobrenomes que ajudam a construir uma história mais encarnada, menos idealizada ou ideologizada, desconstruindo outro lugar comum da historiografia que insiste em salientar a preponderância dos italianos sobre os lusos e alemães, quando nem sempre fora assim.

Nesse sentido, o rótulo de "práticos licenciados" desnaturalizado no presente livro nos obriga a rever o quadro social e os embates entre "grandes" e "pequenos" e, sobretudo, repensar essas categorias anacrônicas fundamentadas em juízos de valor que colocam os diplomados num patamar mais elevado que seus contemporâneos não diplomados. Curiosamente os "menores" revelam-se aos olhos do leitor como nada irrelevantes e tão importantes que obrigam seus pares diplomados a um movimento corporativo em prol da regulação da profissão, marginalizando muitos sujeitos cuja atuação autônoma ia muito além do papel de simples colaboradores ou executores de obras dos grandes arquitetos e escritórios de então. No livro está em jogo extrapolar o circuito dos vencedores e buscar o distanciamento necessário para enquadrar e reposicionar no discurso historiográfico acadêmico os outros tantos atores que ajudaram a construir São Paulo, "escovando a História a contrapelo", como diz Lindener, e assim fazendo aparecer aquilo que os vencedores escamotearam e que a historiografia naturalizou ao reiterar e relegar ao anonimato e esquecimento.

Ao mergulharmos na trajetória pessoal e profissional de Cavalheiro logo nos desvestimos daquilo que aprendemos ao considerar como "menores", "coadjuvantes" ou "parasitas" esses tantos profissionais que também assinaram a produção da cidade.

Com honra e muito prazer convido o leitor a folhear essas páginas e mergulhar nesta viagem conduzida pelo ousado e brilhante historiador Lindener Pareto Junior, vislumbrando facetas do cotidiano de uma agitada cidade em construção, mostrando a formação do campo profissional da Arquitetura na passagem da secular e dominante mão de obra escrava para o trabalho assalariado e, sobretudo, como passou da dominação dos mestres ao primado dos arquitetos diplomados, se perguntando sobre o que era ser construtor e construir em São Paulo naquele momento, sem perder de vista as tensões sociais inerentes aos jogos de forças de afirmação de classe.

Beatriz Piccolotto Siqueira Bueno
São Paulo, outubro de 2015

CAPÍTULO 1

POR UMA HISTÓRIA DA ARQUITETURA "ESCOVADA A CONTRAPELO"

Casa da família Mendes-Cavalheiro.
Ambrótipo, placa de vidro
12 x 16 cm.
(Roger Sassaki / out. 2015)

Entre uma lápide no Cemitério da Consolação e o esquecimento na profissão

No início da década de 1930, em sua casa na Rua Uruguaiana, 168,[1] bairro do Brás, em meio a recortes e propagandas da Revolução de 1932, o "capitalista" Joaquim Carlos Augusto Cavalheiro (1856-1940)[2] versava suas memórias familiares ao indicar a localização de seus parentes mais próximos no Cemitério da Consolação (1).

Com mais de 70 anos e com uma intensa atuação como empreiteiro no Brás e na Mooca, Cavalheiro, já distante de seus anos mais produtivos como construtor, passava em revista, entre

---

1   A casa nº 168, onde viveu Joaquim Cavalheiro, foi demolida, segundo as memórias da família, na década de 1980. As fotografias realizadas por Roger Sassaki correspondem à casa nº 54 (atual nº 284) da rua Uruguaiana, ainda hoje habitada pelos descendentes da Família Cavalheiro.
2   Uma breve versão da trajetória de Joaquim Cavalheiro foi publicada em 2013. Ver: Pareto Jr., O cotidiano em construção: a trajetória profissional dos práticos licenciados em São Paulo (1893-1933). In: Lopes; Lira (Org.), *Memória, trabalho e arquitetura*, v.1, p.67-81.

21

(1) Anotações pessoais do construtor Joaquim Carlos Augusto Cavalheiro. Notam-se os nomes e as datas de falecimento de seus principais parentes, assim como o esboço de localização no Cemitério da Consolação.

rabiscos e esboços, sua trajetória como um dos grandes produtores do espaço urbano paulistano desde a última década do século XIX. Todavia, os historiadores ainda são surpreendidos por uma tradição historiográfica da arquitetura e do urbanismo que ainda não se debruçou sobre a multiplicidade de profissionais da construção civil e doméstica que atuavam desde o último quartel do século XIX. Quem era Joaquim Cavalheiro? Que tipo de tradição construtiva representava? Como era visto e como se representava como construtor na cidade de São Paulo? Certamente, apontaremos algumas direções para as questões levantadas e, principalmente, apresentaremos aspectos da trajetória pessoal e profissional de um construtor que foi mais que um mero coadjuvante na produção arquitetônica dos bairros centrais paulistanos. Cavalheiro, assim como muitos outros de sua geração, foi rotulado, *a posteriori*, como "prático licenciado", vale dizer, construtor sem diploma de engenheiro e/ou arquiteto que, a partir de sua prática profissional reconhecida e de longa data, foi "licenciado" como "arquiteto" pelo CREA a partir da regulamentação da profissão em 1933/1934. Porém, entender a regulamentação da profissão de engenheiro, arquiteto e agrimensor é colocar em questão não só a atuação de construtores hoje pouco conhecidos, mas também problematizar os termos e conceitos que designavam o ato de projetar e construir em São Paulo antes de o movimento corporativo de engenheiros e arquitetos diplomados conseguir a regulamentação da profissão e construir sua própria tradição na esteira do triunfo do Movimento Moderno na Arquitetura (Puppi, 1998).

Reconstruir trajetórias profissionais marginalizadas e histórias cruzadas que evidenciam estratégias de sobrevivência no espaço urbano é mais do que desconstruir a reificada arquitetura monumental produzida pelo Escritório Técnico Ramos de Azevedo e por poucos engenheiros-arquitetos diplomados do período. Trata-se de colocar na berlinda um conjunto de profissionais que foi tão importante quanto os chamados "colaboradores" de Ramos de Azevedo, mas que ainda são ofuscados por uma dupla exclusão. A primeira, marcada pelas paulatinas restrições que os discursos corporativos engendraram, culminando na rotulação, proibição e exclusão dos profissionais não diplomados. A segunda, constituída por uma recente historiografia da arquitetura e do urbanismo que, a despeito de importantes e recentes contribuições, ainda carece de uma ampliação de seus domínios, temas, pesquisas e fontes para o estudo do conjunto dos profissionais da construção civil em São Paulo. Sobretudo no que tange à constituição de uma arquitetura que não figure entre as renitentes escolhas pelos critérios de monumentalidade ou pelas histórias dos sujeitos de generoso capital financeiro e social. No intuito de historicizar manifestações de verdade apriorísticas, isto é, na tentativa de colocar em evidência a trajetória profissional daqueles construtores rotulados como práticos, faz-se necessário considerar a indefinição das categorias profissionais da construção civil.

Consideramos essa *indefinição* um período crucial no qual as relações de poder entre os vários profissionais da construção civil no exercício diário dos ofícios ligados a ela não viviam uma diferença ou uma distinção clara e formalizada de seus campos de atuação. Em outras palavras, seria anacrônico projetar para o último quartel do século XIX e primeiras duas décadas do século XX a atual definição e função dos já distintos arquitetos e engenheiros. As fontes primárias que de alguma forma estão ligadas à produção da arquitetura em São Paulo evidenciam algo interdito, indefinido e muitas vezes confuso quando vão definir as denominações ou títulos de habilitação dos construtores. A indefinição é reivindicada, portanto, não somente para o uso dos termos que designavam os profissionais da construção civil e doméstica, mas também como um discurso que visa a estabelecer, no dizer de Walter Benjamin (1996, p.225), uma "história escovada a contrapelo":

> A natureza dessa tristeza se tornará mais clara se nos perguntarmos com quem o investigador historicista estabelece uma relação de empatia. A resposta é inequívoca: com o vencedor. Ora, os que num momento dado dominam são os herdeiros de todos os que venceram antes. A empatia com o vencedor beneficia sempre, portanto, esses dominadores. Isso diz tudo para o materialista histórico. Todos os que até hoje venceram participam do cortejo triunfal, em que os dominadores de hoje espezinham os corpos dos que estão prostrados

no chão. Os despojos são carregados no cortejo, como de praxe. Esses despojos são o que chamamos bens culturais. O materialista histórico os contempla com distanciamento. Pois todos os bens culturais que ele vê têm uma origem sobre a qual ele não pode refletir sem horror. Devem sua existência não somente ao esforço dos grandes gênios que os criaram, como à corveia anônima dos seus contemporâneos. Nunca houve um monumento da cultura que não fosse também um monumento da barbárie. E, assim como a cultura não é isenta de barbárie, não o é, tampouco, o processo de transmissão da cultura. Por isso, na medida do possível, o materialista histórico se desvia dela. Considera sua tarefa escovar a história a contrapelo.

Ao historiador, cabe recorrer às fontes e "fazer aparecer" aquilo que os "vencedores" escamotearam. Reivindicar uma "história escovada a contrapelo" é fundamental para evidenciar as trajetórias profissionais de construtores que passaram ao largo da historiografia e/ou são apenas lembrados como colaboradores "menores" de grandes escritórios de engenharia e arquitetura. Neste sentido, e no intuito de apontar caminhos para a questão acima, refazer brevemente o percurso que possibilitou as ideias aqui inicialmente esboçadas é crucial para entender de quais manifestações da verdade no exercício do poder elas foram deslocadas (Foucault, 2009).

Os indícios das fontes e os sujeitos

Numa espécie de genealogia das fontes e com o objetivo de colocar na berlinda a indefinição acima referida, faz-se necessário retomarmos a Série Obras Particulares.[3] Trata-se de um típico imbróglio burocrático protagonizado pelos funcionários da Diretoria de Obras da Prefeitura Municipal de São Paulo no dia 1º de março de 1909.[4] Acostumados com uma burocracia em franca expansão, os funcionários recebiam diariamente centenas de requerimentos solicitando alvará de licença para construir nos mais diversos bairros de uma cidade que duas décadas antes ainda se limitava aquém dos vales dos rios Anhangabaú e Tamanduateí, nas ruas do triângulo colonial.

Coordenados desde 1899 pelo engenheiro Victor da Silva Freire, homem de confiança do prefeito Antônio Prado e prócere da difusão

---

3 Depositada no Arquivo Histórico Municipal Washington Luís e pertencente ao Fundo Prefeitura Municipal, Subfundo Diretoria de Obras e Viação, a Série Obras Particulares (SOP) é uma das fontes primárias mais requisitadas pelos consulentes. Compreender a SOP no âmbito da gestão municipal paulistana é, sobretudo, perceber a historicidade que permitiu sua gênese como documento visceral da burocracia do município, desde 1870, e sua posterior função como uma das mais importantes fontes de informação sobre as edificações particulares realizadas na cidade de São Paulo, entre 1870 e 1923, datas limites da coleção pertencente ao AHMWL-SP. A série é constituída por 429 volumes encadernados com datas entre 1870 e 1905, e mais de 900 caixas-arquivos, contendo aproximadamente 68 mil processos dos anos de 1906 a 1921.
4 SOP – OP1909. 001.003.

de um ideário urbanístico moderno na capital paulista, os engenheiros-fiscais e alinhadores da Diretoria de Obras analisavam caso por caso, recorrendo, se necessário, aos arbítrios do diretor Victor Freire e quiçá do próprio prefeito Antônio Prado. No verso de cada pedido, num procedimento burocrático ainda comum nas repartições públicas atuais, os funcionários anotavam cuidadosamente os detalhes do local a receber o canteiro de obras. Rua, terreno, alinhamento, metros quadrados a serem edificados e toda sorte de normas edilícias em voga desde o último quartel do século XIX. Em questão estavam a salubridade, a viabilidade e a procedência dos arruamentos e loteamentos, em suma, todo o aparato legal disponível (e relativamente limitado) para o controle público da vertiginosa expansão do espaço urbano paulistano encabeçada pelos investimentos da iniciativa privada.

Devassando as análises dos engenheiros-fiscais, nos versos de cada pedido, é possível vislumbrar parte do cotidiano não só da Diretoria de Obras, mas também dos sujeitos que falam através das hoje centenárias e amareladas páginas da Série Obras Particulares, como segue:

> Cidadão Dr. Prefeito Municipal,
> Diz Joaquim Antônio de Almeida que desejando construir uma casa sita a Avenida C. Maranhão, nº 1, vem respeitosamente pedir o necessário alinhamento,
>
> E.R.M

São Paulo, 1 de março de 1909
Pela parte, Raul dos Santos[5]

O tom corriqueiro do pedido parece não destoar do que comumente chegava à repartição. Todavia, uma análise *a posteriori* deslinda a trama das relações entre poder público e privado, além de trazer à luz os nomes envolvidos nas querelas. Comecemos esta análise com o tom formal, mas um tanto intimista, do requerente ao endereçar o pedido diretamente à figura de Antônio Prado, o "Cidadão Dr. Prefeito Municipal", algo comum numa rede burocrática ainda em consolidação em São Paulo na passagem do século XIX para o XX. O requerimento carrega ainda a marca da permanência do que era comum nas epístolas da Monarquia Imperial (1822-1889) na sigla "E.R.M": "Espera Receber Mercê". Permanência também verificada na expressão "respeitosamente pedir o necessário alinhamento", termo usado desde meados do século XIX para que as Imperiais Câmaras Municipais viabilizassem o alinhamento entre as testadas dos lotes e a via pública. No entanto, em 1893, a Câmara Municipal de São Paulo altera o procedimento, exigindo a submissão de requerimento e projeto (planta, elevação e corte), instituindo, assim, além do alinhamento, o expediente do Alvará de Licença para construir e reformar ao longo dos logradouros paulistanos.

---

5 SOP – OP1909. 001.003. Para detalhes do projeto da referida casa, ver (2).

Ao que parece, na esteira da lentidão das mudanças do imaginário, os cidadãos da Pauliceia em transformação ainda sentiam sua cotidiana vida material com os mecanismos conceituais de outra época, ou seja, com as permanências da mentalidade oitocentista daquela que era conhecida até 1872 como uma cidade feita de barro. Ao mesmo tempo, eram tragados em definitivo pela inserção de São Paulo e do Brasil nos quadros da economia-mundo capitalista no auge da Era dos Impérios, das grandes migrações e na iminência das maiores catástrofes humanas encarnadas nas guerras mundiais. Os habitantes de São Paulo viviam no limiar de dois mundos, das cidades mudando de escala, das ruas escuras às benesses da energia elétrica, do bonde puxado por mulas ao bonde elétrico, de uma cidade recém-saída da mão de obra escrava para a marcante presença da mão de obra estrangeira. Contudo, os documentos de época parecem não corroborar certa euforia historiográfica ao lidar com a passagem para o século XX. As mudanças, mesmo crivadas pelo gérmen transformador das revoluções, carregam durante algum tempo permanências que ajudam a desvendar fragmentos da sociedade de uma época. Dois dias depois, no dia 4 de março, o diretor Victor Freire analisa o pedido e o encaminha para o parecer de seu subordinado, o engenheiro José de Sá Rocha.[6] Este,

---

6 Figura central entre os funcionários que lidavam com os imbróglios envolvendo proprietários, construtores e poder público na primeira década do século XX. Para um estudo de caso referente a Sá Rocha, ver Souza, José de Sá

depois de uma presumível visita ao local, defere o seguinte e revelador despacho:

Sr. Diretor,
Esta Rua Maranhão no Cambucy – não é reconhecida pela Câmara – Entretanto foi ha pouco tempo determinado pela Prefeitura que embora aprovando a planta não se daria alinhamento – devendo ainda o interessado assignar um termo pelo qual se obrigue a nada reclamar da Prefeitura caso esta entenda fechar a rua se assim lhe convier.

O imbróglio é conhecido no dia a dia da repartição: ruas sem registro abertas ao sabor dos proprietários, regras de higiene e salubridade não respeitadas, loteamentos desconhecidos e toda sorte de impasses relativos ao avanço do perímetro urbano da cidade. Neste sentido, no intuito de evitar a clandestinidade na construção da cidade e qualquer tipo de ônus aos cofres municipais, os fiscais se resguardam exigindo do interessado a assinatura de uma declaração na qual se comprometa a não "reclamar" qualquer direito à Prefeitura.

No entanto, para que se identifiquem os agentes que engendram o embate entre o fisco público e as ações da iniciativa privada, lembremos algo essencial: quem assinou o requerimento? Quem assinou o "termo de obrigação" exigido pelo en-

---

Rocha: engenheiro municipal – uma trajetória pessoal e a formação de um corpo técnico para gestão da cidade, Informativo *Arquivo Histórico de São Paulo*, 9(35), fev. 2014. Disponível em: www.arquivohistorico.sp.gov.br.

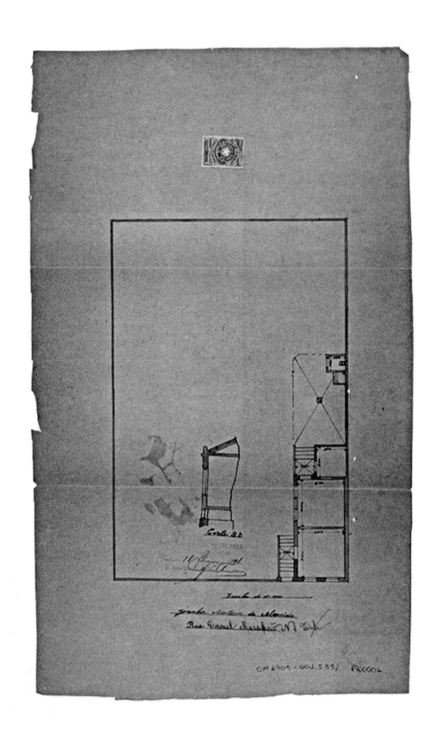

(2) Projeto para a construção de uma casa simples na Rua Coronel Maranhão, 1, Cambuci, em 1909. Propriedade de Joaquim Antonio de Almeida. Projeto do "arquiteto licenciado" Raul dos Santos.
Fonte: Série Obras Particulares, AHMWL-SP.

genheiro Sá Rocha? No requerimento, assinado pelo proprietário interessado, consta o nome de Raul dos Santos; no "termo de obrigação", como testemunhas do interessado Joaquim Antonio de Almeida, verificam-se os nomes João Eusébio Peixoto, José Kanz e Fernando Simões. Não há qualquer menção à função dos mesmos e nem ao tipo de conexão que os sujeitos citados possuem entre si, mas suas atuações frequentes e a análise de outras fontes primárias nos fornecem os indícios de um conjunto de construtores que não foi mero coadjuvante na produção do espaço urbano da capital paulista. Durante muito tempo conhecidos por arautos de uma "arquitetura menor" e ainda no esquecimento (mas conhecidos em demasia em seu tempo), os sujeitos acima são exemplos da complexa rede do quadro profissional da construção civil paulistana no referido período, a esmagadora presença de "leigos" na linha de frente da expansão urbana. Raul dos Santos, José Kanz e Fernando Simões eram conhecidos construtores que não só atuavam como controladores de obras em canteiros, como também se consolidaram como arquitetos-empreiteiros agenciadores de obras em diversos pontos da cidade (2).

De tradição lusitana de longa data, de tradição germânica aqui estabelecida a partir das primeiras décadas do século XIX (Campos, 1997) e de origem italiana, sobretudo a partir de 1880 (Salmoni; Debenedetti, 1981), os mestres dominam o cenário arquitetônico até a consolidação do ensino superior de Engenharia e Arquitetura, através das primeiras levas de formados pela Escola Politécnica de São Paulo e pelo Mackenzie College, nos primeiros anos do século XX. A tal constatação, no mais das vezes descrita de maneira anacrônica como um caminho inexorável à "competente" e "devida" formação profissional de ensino superior, soma-se o grandiloquente discurso da São Paulo eclética construída pelos grandes engenheiros-arquitetos estrangeiros e sobretudo pelo brasileiro – mas de formação estrangeira – Francisco de Paula Ramos de Azevedo. Tal é o discurso que domina as introduções de inúmeros trabalhos que tratam da história do período. Dos lucros de capitais invertidos da exportação de café aos investimentos de famílias tradicionais, engendrou-se a narrativa da São Paulo moderna dos ilustres escritórios técnicos, não só de Ramos de Azevedo, mas também de Giulio Micheli, Maximilian Hehl, Samuel das Neves e Victor Dubugras. Da vila de taipa de pilão para a cidade da alvenaria de tijolos em menos de trinta anos (1880-1910), em suma, da cidade símbolo do "progresso" brasileiro, não há como negar certo encadeamento verossímil na mesma exposição.

Porém, a sedução de tal discurso nos levou a inúmeros esquecimentos. Como se passou do domínio dos mestres ao primado dos arquitetos diplomados? Como se formou um campo profissional de construtores na passagem da secular e dominante mão de obra escrava para o trabalho assalariado? Finalmente, e talvez a questão mais importante, o que era e o que representava ser construtor e construir em São Paulo naquele momento? No imbricar das questões levantadas, das tensões sociais inerentes ao jogo de forças, das afirmações de classe, a constatação de que não há neutralidade em tais transformações (Bourdieu, 2009) é o que se verifica nos requerimentos aqui em questão. O "termo de responsabilidade" de Joaquim Antônio de Almeida dá o tom da inserção dos construtores já citados:

> Pelo presente termo – declara o signatário reconhecer que a licença que a Prefeitura venha a conceder-lhe para construir no referido terreno não implica para a Municipalidade obrigação alguma de dar acesso a esse terreno, seja pela já nomeada Avenida que não é reconhecida como tendo existência oficial e que poderá ser mandada fechar quando se entender conveniente, seja por outro qualquer meio. Declara outrossim que nenhuma indennisação lhe será devida pela Municipalidade se a Prefeitura mandar fechar a Avenida acima nomeada. Para constar a todos os efeitos lavrou-se este termo que será assignado pelo Snr. João Eusébio Peixoto a rogo do proprietário por não saber ler nem escrever e pelas testemunhas Snr. José Kanz e Fernando Simões [...].[7]

Além de evidenciar os mecanismos de poder estabelecidos pela Diretoria de Obras da Prefeitura (e o típico analfabetismo de uma República

---

[7] Termo de Responsabilidade anexado ao requerimento acima citado OP.1909.001.003 – AHMWL-SP.

feita de poucos homens letrados), nos interessa aqui entender a recorrência dos nomes identificados não só no termo citado, mas em milhares de requerimentos analisados entre 1870 e 1915. Peixoto, Kanz e Simões são construtores que figuram como testemunhas não só de proprietários; aparecem também testemunhando as ações da Diretoria de Obras. À exceção de José Kanz, que havia sido ajudante de campo da Diretoria de Obras, os demais não eram funcionários da mesma, mas, diante de sua larga atuação como construtores, desenvolveram um *métier* de atravessadores/facilitadores entre proprietários e a burocracia da legislação em consolidação; vale dizer que tinham uma posição privilegiada diante do órgão público que passava a ditar as regras do ato de construir. Fernando Simões seria o único dos três que viria ganhar, décadas depois, um registro de "arquiteto licenciado" pelo Livro de Registro de Práticos Licenciados do CREA na sua seção municipal.

Simões não era um construtor diplomado e não sê-lo estava longe de configurar um problema para os profissionais que atuavam em São Paulo desde o fim do século XIX. A maioria dos construtores de São Paulo nunca teve outra formação que não a "leiga", entendendo a expressão como aquela que define o construtor destituído de uma formação acadêmica superior, o que não equivale a dizer que o mesmo não tinha a devida "erudição" para atuar. Entender a condição e a larga atuação dos mesmos é perceber, nos termos utilizados para designá-los, um período de indistinção e de formação do campo profissional do arquiteto. Não se quer dizer com isso que não havia especificidades e clivagens entre os construtores, mas sim que o campo profissional estava aberto e em formação, as práticas acabavam definindo as oportunidades.

José Kanz, Fernando Simões, Raul dos Santos e tantos outros construtores, assim como as designações que os identificavam – *empreiteiros, construtores, mestres de obra, controladores de obras, architecto-constructor, até mesmo engenheiro-architecto* –, são a expressão da referida *indefinição*, entendida em parte como a possibilidade de ocupar posições intermediárias que não eram mais contempladas pela tradicional condição do mestre de obras, e tampouco eram atendidas pelo limitado quadro de profissionais acadêmicos que só aos poucos foi se afirmando sobre os "práticos", em suma, a construção de uma indefinição que por longo período permitiu a atuação dos não diplomados. Colocado de outra forma, a despeito de um discurso e de uma prática pela regulamentação da profissão desde meados do século XIX, ser construtor em São Paulo na virada do século XIX para o XX significava, antes de tudo, uma prática que ainda não passava pelo crivo da distinção acadêmica.

Esta é a condição de final de século encontrada nos registros de construtores realizados pela Intendência de Obras (posterior Diretoria de Obras) da Câmara Municipal entre 1894-1904. Todos os profissionais que realizaram o cadastro e pagaram o devido imposto de indústria e profissão foram genericamente categorizados como "empreiteiros de obras". Em 1897, por exemplo, figuram os nomes de raros diplomados, dentre eles Giulio Micheli, engenheiro-arquiteto florentino; Carlos Ekman e Augusto Fried, que juntos gerenciavam um escritório técnico; e Francisco de Paula Ramos de Azevedo. No mais, os nomes são de construtores que não alcançaram a regulamentação da profissão, mas que atuaram profusamente na cidade, caso de Leopoldino Antonio dos Passos, responsável por 54 projetos entre 1906 e 1914; o próprio Joaquim Carlos Augusto Cavalheiro, grande empreiteiro do Brás e da Mooca, responsável por nada menos que 445 projetos entre 1906-1915 (Pareto Jr., 2013). Dentre eles, só o italiano Narciso Frediani alcançou a década de 1930, sendo registrado como "arquiteto licenciado" pelo CREA (3)(4).

Os profissionais do referido registro encarnam bem a indefinição, não necessariamente no que tange aos recursos e/ou às boas relações com as classes mais abastadas, mas no que toca ao reconhecimento de iguais na profissão. A indefinição passa pelo exercício do poder e pela manifestação de um *ethos* da verdade que ainda não era monopolizado pelas instituições de ensino superior e nem bem definido em termos de legislação. Um interessante exemplo da mesma vem de sua contrapartida discursiva. Em 1921, por ocasião da acolhida de muitos profissionais diplomados à revista carioca *Architectura no Brasil*,[8] o "engenheiro architecto" e professor da

---

8 Periódico disponível em: http://memoria.bn.br/.

(3) e (4) "Registro de Empreiteiros de Obras de 1897".
Fonte: AHMWL-SP.

Escola Nacional de Belas Artes, Gastão Bahiana, dispara:

> É incontestável que, no Brasil, tanto o governo como os particulares até hoje parecem ter desconhecido a verdadeira funcção do architecto, no seio de uma nacionalidade, justamente orgulhosa de seu patrimônio intelectual e anciosa por acompanhar o surto das civilizações mais adiantadas. A quase totalidade das edificações são entregues ao mestre de obra, hoje denominado "constructor"; algumas, de maior importância, motivaram a intervenção de profissionaes diplomados, geralmente engenheiros civis; e somente em se tratando de sumptuosas decorações, recorrem-se aos artistas, quasi sempre esculptures de ornatos; mas o mesmo título de architecto serviu para designar o construtor, o engenheiro ou o artista, com absoluta incompreensão do significado dessa palavra. (Architectura no Brasil, 1921, p.3)

"Verdadeira função", "surto das civilizações mais adiantadas", "profissionaes diplomados" são as expressões do ideário da modernidade, da técnica e da competência se deslocando. O trecho é repleto de questões que evidenciam o corporativismo não só atrelado à necessidade do diploma, mas do lugar do arquiteto na produção da "verdadeira" arquitetura. O discurso do professor Gastão evidencia a "verdade" requerida por um grupo que quer afastar a concorrência dos mestres. Com efeito, não constitui novidade o estudo de tal concorrência ou a regulamentação de um espaço restrito aos diplomados. Sylvia Ficher (2005), Heliana Angotti-Salgueiro (1997), Eudes Campos (1997), Pareto Jr. (2011) e Rita Francisco (2013) apontaram em suas respectivas pesquisas e domínios temáticos a primazia dos mestres de obras na construção civil e doméstica. Mas de que mestres? A defesa restritiva deixa entrever a confusão no uso dos termos. A "absoluta incompreensão" dos usos e significados da palavra "architecto", diferente da constatação de Gastão, não significa uma verdade imanente à função do arquiteto desrespeitada pelos mestres, construtores, empreiteiros e toda sorte de supostos parasitas da verdadeira profissão, mas o resultado da construção de campos profissionais que até então flutuavam de acordo com as circunstâncias e com as demandas de um mercado lucrativo. Os mestres de obras aos quais se refere Gastão Bahiana não eram mais aqueles das extintas corporações do início do século XIX. Eram, na mesma esteira do ideário cientificista moderno que ensejou o monopólio das instituições de ensino superior, arquitetos, mestres, construtores, empreiteiros e, muitas vezes, todos ao mesmo tempo. Entretanto, os "mestres" trilharam espaços que *a posteriori* se tornaram marginais.

Ainda quanto aos usos dos termos, os *almanaques* constituem um curioso mosaico de anúncios em que se pode vislumbrar o movimento das categorias indefinidas. Comecemos pelo ano de 1884 com o *Almanach Administrativo, Commercial e Industrial da Província de São Paulo*:

EMPREITEIROS DE OBRAS

Adriano Corrêa de Andrade, Rua 25 de Março.

Amaro Antonio Alves, Rua Aurora.

Antonio Ferreira Fernandes.

Antonio Gonçalves, Rua dos Bambus.

Antonio Martins de Castro, Rua do Senador Florêncio.

Antonio Piti.

Bento Augusto de Carvalho, Rua Victoria.

Bernardo Meyer, Largo da Liberdade.

Eduardo Pedroso, Largo do Payssandú.

Giacomo Gandino, Rua dos Estudantes, 23.

Jacob Hehl, Rua dos Gusmões, 6.

Jacob Tuth, Rua dos Estudantes.

João Coelho Ferreira, Rua de Santa Thereza.

João Dias Belliago, Rua Alegre.

João Ferraz de Campos, Rua do Bom Retiro.

João Poerdini.

João Reik, Pary – Rua de Santa Cruz, 1.

Joaquim Alves da Silva, Rua da Victoria.

Joaquim Cesar do Espírito Santo, Largo do Arouche.

Joaquim da Costa Silveira, Rua de São João.

Joaquim José da Silva Neiva, Rua da Boa Vista, 39.

José Bertini, Rua do Barão de Itapetininga, 11.

José Domingues da Silva Belleza, Rua da Victoria.

Julio Cesar, Largo do Arouche.

Manoel Ferreira Leal, Rua Episcopal.

Manoel Francisco Madruga, Rua do Barão de Itapetininga.

Manoel Francisco Vieira de Andrade, Rua Alegre.

Manoel Gomes da Silva, Rua de Santa Ephigenia.

Manoel Machado dos Santos, Rua Aurora.

Manoel dos Reis Pinto da Rocha, Rua Episcopal.

Manoel dos Santos Maia, Rua Aurora.

Matheus Heusler, Rua dos Bambus.

Romão Margarinho, Rua 7 de Abril.

ARCHITECTOS
Raphael José Romano, Rua de D. Maria Thereza, 13.
Luis Pucci, Rua do Arouche, 1A.
Luiz Augusto Pinto, Dr., Rua do Barão de Itapetininga.
Francisco Carlos da Silva, Dr., Rua de Santa Ephigenia.

ENGENHEIROS CIVIS, MECHANICOS E AGRIMENSORES
Alberto Kuhlmann, Largo do Bexiga.
Dr. José Nabor Pacheco Jordão, Largo dos Guayanazes, 61.
Dr. Adolpho Pinto, Rua Direita, 2.
Alexandre J. Fergusson, Rua da Imperatriz, 8.
Antonio Francisco Dutra Rodrigues, Rua da Consolação, 7.
Carlos Daniel Rath, Rua do Riachuelo, 34.
M. Brandão e S. Caullan, Rua do Imperador, 3.
Luiz Gonzaga da Silva Leme, Rua de S. Bento, 67.
Eugenio da Silva, Rua da Assembléa.
José Thomaz Alves da Silva, Rua dos Bambus.

Fonte: Acervo IEB-USP.

A patente maioria de "empreiteiros" denota a antiga condição de mestre de obras em face do reduzido número de diplomados. O termo "empreiteiro", utilizado em substituição ao "mestre de obras", já indicava a transformação do significado da palavra.

Quanto ao conjunto dos construtores, observa-se a predominância dos nomes lusitanos, como o representante da família portuguesa originária da cidade do Porto José Domingues da Silva Belleza,[9] seguido de alguns germânicos, como Matheus Heusler e Bernardo Meyer, mestres imigrados por volta de 1855 para suprir a ausência de trabalhado-

---

9 Para mais informações sobre os construtores da Família Belleza, ver Pareto Jr. (2011, p.116).

res da construção civil (Campos, 1997, p.167-95). Interessante notar que, mesmo havendo uma diferenciação entre "empreiteiros", "architectos" e "engenheiros civis, mechanicos e agrimensores" (expressão literal da reunião indistinta entre três categorias), alguns nomes indicam a imbricação dos termos. Luiz Pucci, executor das obras do Monumento à Independência, figura no anúncio acima entre os "architectos", mas no final do século aparece como "engenheiro", ao lado do florentino Giulio Micheli, no escritório Pucci & Micheli. É conhecido, ao mesmo tempo, como um dos primeiros prestigiosos mestres de obras italianos na produção da arquitetura eclética em São Paulo.

Em 1895, as categorias profissionais se subdividem ainda mais. No *Completo Almanak Administrativo, Comercial e Profissional do Estado de São Paulo* vislumbra-se a seguinte condição:

ARCHITECTOS E CONSTRUCTORES
Antonio Fernandes Pinto, R. Conselheiro Nebias, 32.
Bertini Carlo, R. Boa Vista, 44.
Calcagno & Irmão, R. Gloria, 60.
Carlos Milanese, R. Gloria, 109.
Estanislau da Costa Ventura, R. Livre, 7B.
Eugenio Raisin, R. Flores, 43.
Florimond Colpaert, Alameda Barão de Limeira, 41.
Francisco Carlos da Silva.
Guilherme Krug & Filho, R. José Bonifácio, 7, Rua Conselheiro Crispiniano, 51.
J. L. Madeira, R. Estação do Pary, R. Conselheiro Ramalho, 88.
João Lourenço Madeira, Largo Riachuelo, 26 e 28.
José Cidanes Peres, R. Tamandaré, 21.
José Fernandes Pinto, R. Conselheiro Nébias, 32.

Michele Sanimarone & C., R. São João, 83.

Miguel Lourenço de Azevedo, R. Aurora, 71B.

Pedro de Mello Souza Junior, R. S. Bento, 24.

Pedroso, Brasil & C., R. Salvador, 19 (Braz).

Pucci & Micheli, R. 15 de Novembro.

EMPREITEIROS DE OBRAS

Candido Quintiliano José das Neves, R. Mooca, 25.

Carlos Bertini, R. Boa Vista, 44.

Hyland, Huggins & Hammond, R. S. Bento, 2A.

João Clabé, R. Florencio de Abreu, 69.

João Loureiro Madeira, Largo Riachuelo, 26 e 28.

José Rimolo, R. 7 de Abril, 15.

Pasquale Pucciarelli, R. Major Diogo, 22.

ENGENHEIROS

A. Porchat, R. Alegre da Luz, 38.

Affonso Woodley & Cia, R. Commercio, 29.

Alvaro de Menezes, R. Gazometro, 94.

Americo dos Santos & Ettore Silva, Largo de S. Bento, 48.

Augusto M. Baptista, R. Florêncio de Abreu, 36.

Aurélio Villanova & Cia., Largo do Thezouro, 1.

Bender & Wondrak, R. Quitanda, 1.

Calcagno & Irmão, R. Gloria, 60.

Eugenio Raisin, R. Flores, 41.

Dr. Francisco Ferreira Ramos, R. Direita, 6 – sobrado.

Francisco Teixeira de Azevedo, R. Episcopal, 22.

Hyland, Huggins & Hammond, R. S. Bento, 2A.
Engenheiros e constructores de estradas de ferro.

J. Floriano Ortiz, R. DR. Cesario Motta, 11.

Dr. José E. Ribeiro, Praça S. Paulo, 15.

José Scutari, Av. Tiradentes, 44.

Dr. L. Armaud F. de Mattos, R. Dr. Antonio Prado, 44.

Dr. Manoel Ferreira Garcia Redondo,
R. Barão de Itapetininga, 21.

Pedro de Mello Souza Junior, R. S. Bento, 24.

45

Pedroso, Brasil & Cia., R. Salvador, 18.
Pucci & Micheli, R. 15 de Novembro, 28.
Ramos, Guimarães & Cia., R. Commercio, 50.
Rodolpho Coucourd, R. José Bonifacio, 43.
Urbano de Vasconcellos, R. Gusmões, 94.

Fonte: Acervo do IEB-USP.

O número de categorizados como "empreiteiros" diminui sensivelmente, aparentemente dando lugar a mais "engenheiros" e "architectos-constructores", certamente num momento de aumento da presença de profissionais diplomados. Todavia, os já citados Pucci & Micheli são ao mesmo tempo "architectos e constructores" e "engenheiros". O mesmo vale para a família de mestres de obras italianos, os irmãos Calcagno, categorizados como "architectos e constructores". Aqui já se nota o que Salmoni e Debenedetti (1981, p.60) apontaram como a chamada autopromoção dos mestres italianos, interpretação que será devidamente analisada mais adiante.

Em 1901, o já prestigiado e concorrido *Almanak Administrativo, Mercantil e Industrial do Rio de Janeiro*, mais conhecido como *Almanak Laemmert*, anuncia os profissionais da construção civil – na seção estado de São Paulo – em três categorias (5) (6) (7):

a) Architectos, constructores e engenheiros;
b) Empreiteiros;
c) Engenheiros drs.

Interessa notar a presença do sueco Carlos Ekman entre os empreiteiros, a de Carlos Milanesi entre os "architectos" e a de Miguel Marzo entre os "engenheiros drs". No mesmo período, e em outras fontes, a trinca foi denominada da seguinte forma: Carlos Ekman, engenheiro-arquiteto; Carlos Milanesi, engenheiro da Intendência de Obras; Miguel Marzo, "architecto-construtor". O deslocamento pouco criterioso entre as categorias em todas as fontes citadas se desdobra ao longo das primeiras décadas do século XX e representa uma imbricação que faz girar a descoberto a formação dos campos profissionais. A própria definição dos termos pelos dicionários da época corrobora os tênues limiares entre as práticas ligadas às denominações. Do *Diccionario da língua portugueza* de Antonio de Moraes Silva, edição de 1812, seguem as seguintes palavras e seus significados:

Architecto, s.m. Que sabe e pratica a Architectura, edificando.

Constructor, s.m. O que faz, traça e executa.

Empreiteiro, s.m. O que emprende (*sic*), e se obriga a fazer alguma obra por certa soma.

Engenheiro, s.m. O que se applica á Engenharia; que faz engenhos, ou maquinas bellicas para o ataque, ou a defesa de praças; que sabe a fortificação, a arte de tirar planos, medir geométrica, trigonometricamente; o que faz quaesquer maquinas físicas.

À exceção de "engenheiro", ainda claramente ligado às questões militares e aos desígnios da defesa territorial (Bueno, 2012), as demais denominações não só se aproximam em signi-

47

(5), (6) e (7). *Almanak Administrativo, Mercantil e Industrial do Rio de Janeiro.* Indicador para 1901.

Architectos, Constructores e Engenheiros
Augusto Fricel, r. S. Bento, 85, sobrado.
Alexandre Albuquerque, r. Florencio de Abreu, 1.
Carlos Milanesi, r. Gloria, 127.
Eduardo Loschi, r. S. Bento, 59, largo Palacio, 7, Caixa do Correio 516, End. Telegr. *Loschi*.-S. Paulo.
Francisco de Paula Ramos de Azevedo, Dr. engenheiro, r. 15 de Novembro, 37.
Guilherme Krug & Filho, r. S. Bento 59, sobrado; socios:
 *Guilherme Krug.
 *Jorge Krug.
Julio Micheli, r. 15 de Novembro, 28.
Luiz Pucci, engenheiro, r. 15 de Novembro, 28.
Maximiano Emilio Hehl, r. S. Bento, 63.
Oscar Kleinschmidt, r. Cons. Chrispiano, 68.

Engenheiros, Drs.
Ataliba Valle, r. S. Bento, 42, sobr.
C. H. Corner, r. S. Bento. 93, sobr.
Francisco de Paula Ramos, r. S. Bento, 42.
Fonseca Rodrigues. r. S. Bento. 42, sobr.
Fry Miers & C., r. S. Bento, 47 (Vide *Notabilidades*, pag. 1137).
Garcia Redondo, r. Ypiranga, 57.
Jian Domenico Segri, r. Brigadeiro Tobias, 48.
José Antonio da Fonseca Rodrigues, r. S. Bento, 42.
M. E. Hehl, r. S. Bento, 63.
Miguel Marzo, r. Capitão Salomão, 42.
Paulo Alfredo Polto, r. Bòa Vista, 44.
Richard Creagh, representante de Fry Miers & C., engenheiro, (Vide *Notabilidades*, pag. 1137).
Tarquinio Faraut, r. S. Bento, 34.

Empreiteiros
Armando Ferreira, r. S. Paulo, 29.
Carlos Ekmann, r. D. Viridiana, 7.
Felisberto Marques da Rocha & C., r. Tabatinguera, 40.
Manoel Duarte Pacheco, r. Silva Telles, 23 A.
Manoel Miranda, r. Teixeira Leite, 40.
Miguel Delcima, r. Conceição, 40.
Sergio I. Macedo, r. Quitanda, 4.
Thomaz Ferrara, r. D. Maria Thereza, 29.

ficado como também andam juntas na prática cotidiana dos canteiros do final do século XIX. Em todo caso, recuemos um pouco. A questão se embaraça um pouco mais nas definições de "architecto" e "mestre das obras" do *Vocabulario portuguez & latino,* de Raphael Bluteau, de meados do século XVIII:

> **Architecto**: não só é o que faz as plantas e desenhos dos edifícios, mas também o mestre das obras, o que sabe e põe em execução a arte de edificar.
>
> **Mestre das Obras**: o diretor de qualquer obra de pedra e cal.

A proximidade de longa duração entre as categorias é sintomática e ajuda a entender as dificuldades de definição dos quadros profissionais do início do século XX. As competências arquitetônicas foram por muito tempo indissociáveis e não padronizadas, longe de serem enquadradas no movimento corporativo que apenas se iniciava ao longo do século XIX (Woods, 1999). Portanto, pensemos novamente na figura de Joaquim Carlos Augusto Cavalheiro, introduzida no início do capítulo. Empreiteiro? Arquiteto? Construtor? Para deslindarmos a questão, vale pensar na figura do construtor em São Paulo a partir da última década do século XIX.

CAPÍTULO 2

CONSTRUINDO A PROFISSÃO

Casa da família
Mendes-Cavalheiro.
Ambrótipo, placa de vidro,
12 x 16 cm.
(Roger Sassaki / out. 2015)

Falemos dos construtores – usando o termo *construtor* considerando projeto, desenho, canteiro e negócio – ainda sem a distinção imposta pela formação do campo da arquitetura, engenharia e pelo ensino acadêmico ligado à necessidade do diploma. Desse modo, talvez seja salutar começar com uma anedota que põe em evidência questões importantes. Das muitas memórias a respeito dos construtores de São Paulo, vale a pena transformar uma delas em "cativa" ou objeto da História (Meneses, 1993). O caso, quase um *causo*, é pitoresco. Muitos construtores aprenderam o ofício na prática, conforme atestam as memórias familiares do engenheiro Newton Simões, neto por via materna e paterna de dois construtores "práticos licenciados".[1] Simões aponta que seu avô materno, Alberto Tanganelli, "arquiteto licenciado" pelo CREA em 1934, natural de Castiglion Fiorentino, na região da Toscana, e nascido em 28 de maio de 1887, chegou ao Brasil aos 11 anos de idade. Ainda menino, aprendera com o pai os fundamentos básicos do canteiro de obras. Como servente, começou a trilhar os passos que o levariam a uma longa carreira. *A priori*, o pai de Tanganelli imigrara já na condição de mestre de obras, tendo encontrado na cidade de São Paulo

---

[1] Depoimento concedido em 25 de janeiro de 2011 pelo engenheiro Newton Simões, neto pela via materna de Alberto Tanganelli e pelo lado paterno de Raul Simões, também prático licenciado e irmão de Fernando Simões, um dos construtores mais atuantes em São Paulo nas duas primeiras décadas do século XX.

51

o mercado da construção civil em franca expansão. Uma vez nos canteiros, o jovem aprendeu na prática lições de estética e harmonia, geometria e cálculo. Já estabelecido como "competente" profissional e gozando do prestígio adquirido por outros tantos italianos, Tanganelli versava sobre os fundamentos da arquitetura e das práticas do canteiro, citando lições de Vignola. Já na década de 1930, argumentava também sobre as benesses e o uso crescente do concreto armado nas edificações, aludindo ao trabalho do engenheiro Alfredo Pujol e suas experiências com a nova técnica construtiva. Falando ainda suas memórias sobre o avô Tanganelli, Simões expõe um pitoresco caso. Provavelmente nos idos da década de 1930, o avô comprara um terreno na região de Santana, Zona Norte da capital. Num domingo em família, colocou todos no seu Ford modelo "Bigode" e resolveu visitar o dito terreno. Uma vez lá, se deteve furibundo diante do mesmo, um belo pântano típico das regiões da várzea serpenteante do Rio Tietê, um grande engodo; fora tapeado pelo vendedor. De uma rigidez excessiva, totalmente explosivo e passional, o toscano Tanganelli foi à casa do "golpista" e se engalfinhou com o mesmo até arrancar-lhe um pedaço da orelha com uma mordida. A história é digna de uma boa crônica sobre a expansão urbana de São Paulo e suas desventuras. Faz-se necessário não cair nas belas armadilhas literárias das memórias contadas pelo neto de Alberto Tanganelli. Todavia, a estória é exemplar se constatarmos que a trajetória de Tanganelli foi a regra e não a

(8) Registro municipal de averbação da carteira profissional do CREA de Alberto Tanganelli (avô materno do entrevistado, o engenheiro Newton Simões) com a "licença de arquiteto" em 17 de outubro de 1934. Fonte: AHMWL-SP.

exceção no que se refere ao conjunto de construtores da cidade de São Paulo no início do século XX. Sua trajetória e a de centenas de construtores que não fizeram parte do discurso da regulamentação da profissão de engenheiro e arquiteto deve ser colocada em seus termos de época, ou seja, no que chamamos há pouco de universo de indefinição das categorias profissionais da construção civil (8).

Aspectos de um quadro profissional em construção

Considerando que na década de 1930 muitos construtores que atuavam desde o último quartel do século XIX já estavam aposentados ou mortos, um conjunto significativo não figura entre os registrados pelo CREA a partir de 1934. Para que passemos à distinção que envolve os "práticos", é necessário apontar os caminhos dos construtores que atuavam no seio da indefinição no fim do século.

São os mesmos responsáveis por mudar o quadro da arquitetura paulista a partir do período da "refundação" da cidade e de suas latentes tensões sociais numa paisagem em intensa transformação (Oliveira, 2005). Nos ainda escassos requerimentos submetidos à Câmara Municipal, é possível verificar parte dos construtores atuantes desde o final de década de 1870. A presença marcante de nomes lusitanos e germânicos ainda sobrepujava os poucos nomes de origem italiana. Com efeito, a escassez de mão de obra especializada dava a alguns poucos mestres germânicos o prestígio da introdução do neoclássico entre as elites. Entre eles, nomes recorrentemente encontrados em alguns trabalhos que tratam da arquitetura paulistana no período: Matheus Häussler, Bernardo Meyer, Julius Ploy e Jacob Hehl são construtores germânicos que atuaram até a virada do século, estabelecendo antes da grande leva de imigrantes italianos o prestígio do construtor aquém-mar em terras paulistanas (Salmoni; Debenedetti, 1981, p.36-7). Essa presença é marcante nos requerimentos solicitando alinhamento para reformar e construir na década de 1870.[2]

No entanto, os nomes luso-brasileiros ainda predominavam sobre os demais. Destacamos a intensa atuação de Francisco Carlos Augusto de Andrade, figura controversa que aparece assinando dez requerimentos entre 1882 e 1883. *A priori*, Andrade é mais um construtor de origem lusitana, porém, num requerimento de 6 de maio de 1884, ao solicitar "auto de alinhamento" para edificar uma casa, propriedade de Serafim Corrêa de Miranda na Rua dos "Guaianazes", parte da sua condição profissional é evidenciada quando subscreve o auto como "arruador".[3] Não seria a primeira nem a última vez que um funcionário de uma burocracia em construção usaria sua condição "privilegiada" para angariar espaço

---

2 Série Obras Particulares, ver volumes 17, 18, 19 e 20 entre 1870-1881.
3 Série Obras Particulares, ver volume 21, ano de 1882.

entre os construtores da cidade.[4] Vale lembrar ainda a presença da família de construtores portugueses da cidade do Porto, os Belleza. Em 12 de novembro de 1883, José Belleza, identificado como "mestre de obras", solicita auto de alinhamento para construção de um prédio na Rua dos Bambus.[5] Como constatamos anteriormente, a família Belleza constitui uma das mais duradouras na tradição de construtores da cidade.

Entre os italianos, há poucos nomes nos idos da década de 1870. O destaque fica por conta do mestre de obras Antonio Cavichioli, que desde 1874 figura na lista de "empreiteiros" da Seção de Obras da Câmara Municipal.[6] Os sujeitos citados fazem parte de um pequeno quadro de construtores com inserção entre as camadas médias e altas da sociedade paulistana num período de grande escassez de mão de obra e do desprezo das mesmas elites pela possibilidade do uso de construtores locais, questão que passa pelas celeumas da escravidão e pelo anseio de estabelecer um "morar" à europeia. Entre germânicos e paulatinamente entre os italianos, sobretudo com a presença de Bezzi e Pucci na concepção e execução do Monumento do Ipiranga, o prestígio dos mestres se estabelece e o uso dos termos demonstra a indefinição. Interessa-nos aqui

---

4 José Kanz, estudo de caso na dissertação, também se valeu de sua posição como funcionário público para ganhar espaço entre os construtores. Ver: Pareto Jr., 2011, p.141-50.
5 Série Obras Particulares, volume 22, 1883.
6 Série Obras Particulares, volume 17, 1870-1873.

elencar alguns nomes registrados na década de 1890 e atuantes entre 1906 e 1915.[7]

No fim do século, o domínio estrangeiro, sobretudo italiano, é patente. Assim como a reduzida presença de diplomados, apenas os nomes destacados em negrito faziam parte do universo acadêmico. A **Tabela 1** representa uma parte dos construtores do período, uma vez que destacamos aqueles cotejados na Série Obras Particulares entre 1906 e 1915.

Destacamos em primeiro lugar a atuação de três empreiteiros de obras brasileiros que crivaram alguns bairros centrais de inúmeras casas, armazéns, cocheiras e muitas reformas. Entre 1906 e 1915, Leopoldino Antonio dos Passos, Possidônio Ignácio das Neves e Joaquim Carlos Augusto Cavalheiro levaram a cabo mais de 500 projetos entre construções novas e reformas. De fato, os mesmos não representavam os projetos mais eruditos e certamente se adequavam aos desígnios dos "riscos" exigidos pela legislação edilícia. Pela quantidade de obras realizadas, eram os empreiteiros da "cidade como negócio" (Bueno, 2008). Só no ano de 1907, Leopoldino dos Passos e Joaquim Cavalheiro somam 38 projetos, de longe mais atuantes que qualquer diplomado do período. A supremacia dos mesmos só é ameaçada por uma emblemática figura, Miguel Marzo.

Marzo é da geração de italianos que sucede o prestígio dos mestres germânicos, a presença do

---

[7] Período coberto pelas pesquisas na Série Obras Particulares.

Tabela 1. Empreiteiros registrados entre 1894 e 1904 e atuantes entre 1906 e 1915

NOME	NACIONALIDADE
1. Carlos Milanesi	italiano
2. Narciso Frediani	italiano
3. Rossi & Brenni	italianos
4. Leopoldino Antonio dos Passos	brasileiro
5. Possidonio Ignácio das Neves	brasileiro
6. Joaquim Carlos Augusto Cavalheiro	brasileiro
7. Manoel Asson	italiano
8. Antonio Cavichioli	italiano
9. João Gullo	italiano
10. A. Fried e C. Ekman	alemão e sueco
11. Calcagno e Irmão	italiano
12. Francisco de Paula Ramos de Azevedo	brasileiro
13. Manoel Belleza	português
14. Julio Micheli	italiano
15. Jorge Muller e Irmão	alemão
16. Sante Bertolazzi	italiano
17. Joaquim Belleza	português
18. Francisco Sargaço	italiano
19. Miguel Marzo	italiano
20. Samuel Augusto das Neves	brasileiro
21. Thomaz Ferrari	italiano
22. Eduardo Loschi	brasileiro
23. Del Cima Michele	italiano
24. Archimedes Galli	italiano
25. Antonio Melchert	italiano

Fonte: AHMWL-SP.

mesmo é marcante também na região central, onde atuou projetando para setores comerciais. Estabeleceu-se não só como exímio projetista, mas como grande empreiteiro executor de obras, fato mais raro entre italianos que trabalhavam por encomendas mais esparsas. Só em 1907 foi responsável por 38 projetos. Marzo também é o típico exemplo do uso indistinto dos termos que identificam os profissionais do período. Em seus projetos se intitula "Architecto-Construtor", no *Almanak Laemmert* foi identificado como "dr. Engenheiro" e Salmoni e Debenedetti (1981, p.60) identificam o mesmo como "mestre-de-obras". **(9)**

Quanto aos demais italianos identificados na **Tabela 1**, Carlos Milanesi entrou para o quadro funcional de Diretoria de Obras no momento crucial de uma reformulação levada a cabo pelo prefeito Antônio da Silva Prado, tendo à frente o novo Diretor de Obras, o engenheiro português Victor da Silva Freire. Já a permanência de Antonio Cavichioli na profissão é assombrosa: de 1874 a 1907 é possível verificar sua atuação como "mestre de obras" e "empreiteiro". Seus projetos, de linhas simples e quase sempre sem fachada/elevação, demonstram que nem todo italiano possuía um projeto rebuscado. No entanto, comparativamente, entre italianos e portugueses e entre italianos e brasileiros no referido período, é possível afirmar que os projetos de italianos geralmente têm um cuidado estético diferenciado. João Gullo, Archimedes Galli e Sante Betolazzi (vide projetos a seguir) representam também essa geração de fim de século entre os construtores italianos **(10 a 14)**.

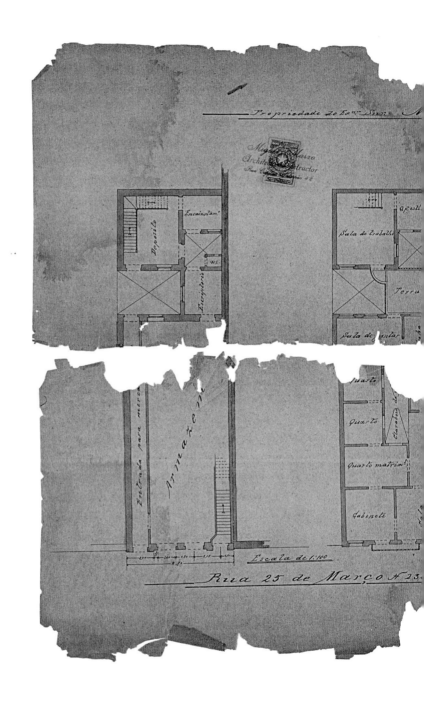

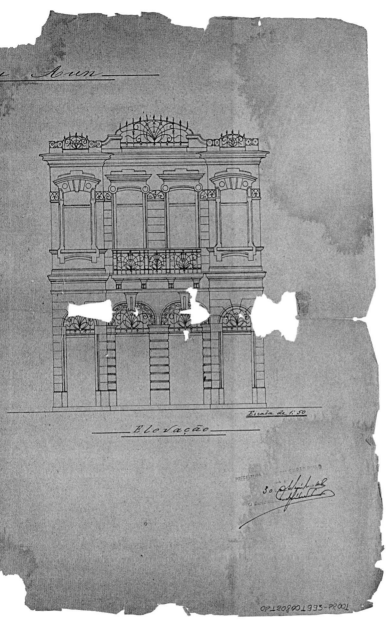

(9) Projeto de Miguel Marzo para a construção de um sobrado com armazém na Rua 25 de Março, 235, Sé. Ano: 1908. Proprietário: Nicolau Aun. Fonte: Série Obras Particulares, AHMWL-SP.

(10) e (11) Projetos do "empreiteiro-constructor" Antonio Cavichioli. À direita, três casas em série de "padrão operário" (três cômodos exigidos pelo padrão municipal). Fonte: Série Obras Particulares, AHMWL-SP.

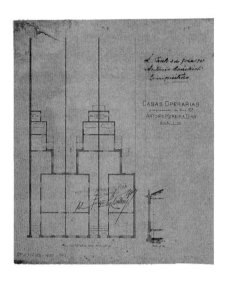

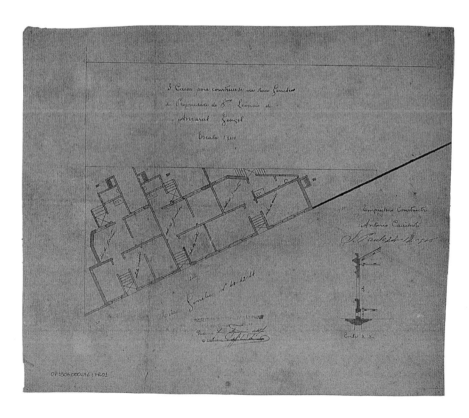

(12) Projeto do "empreiteiro-constructor de obras" Archimedes Galli para a construção de casa na Avenida Brigadeiro Luís Antônio, 186, Bela Vista. Ano: 1909. Proprietário: n/i.

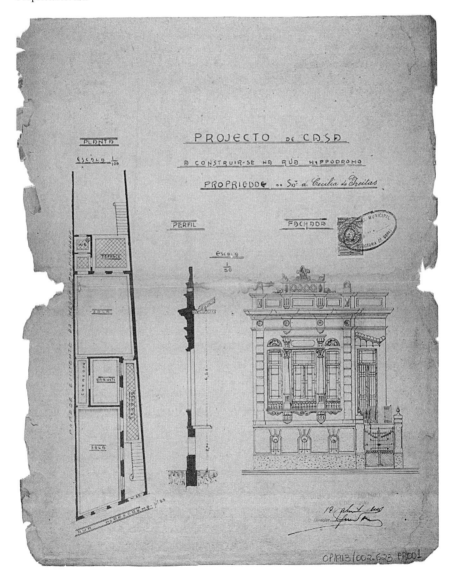

(13) Projeto de Archimedes Galli para a construção de uma casa na Avenida Brigadeiro Luís Antônio, 290, Bela Vista. Ano: 1909.

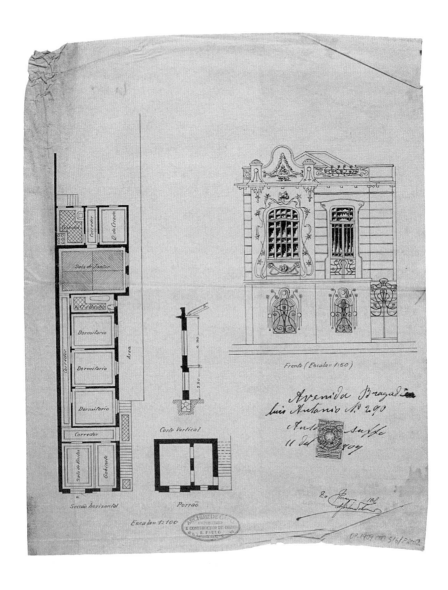

Pensando ainda no plural quadro de perfis profissionais que marcava a atuação dos construtores mencionados, a associação entre estes e os diplomados, ainda no final do século XIX, é sintomática para que se possa entender a indefinição em função da distinção, *a posteriori*. Além da "cooptação" de muitos italianos exercida pelo "bem relacionado", Ramos de Azevedo e seu escritório (Miceli, 2003, p.33), a associação entre empreiteiros de obras e engenheiros-arquitetos remonta, em São Paulo, à presença do engenheiro-arquiteto italiano Tommaso Gaudêncio Bezzi. A execução do projeto de Bezzi para o Monumento do Ipiranga foi levada a termo pelo florentino Luiz Pucci, sabidamente um mestre de obras italiano (Campos, 1997; Pareto Jr., 2011). No final do século, depois do prestígio angariado pela construção do futuro Museu Paulista, Pucci se associa ao recém-chegado engenheiro-arquiteto florentino Giulio Micheli, estabelecendo com ele o escritório Pucci & Micheli. O escritório tem uma duração significativa, passando ainda pelas figuras de José Chiappori e Aldo Lanza, ambos registrados, a partir de 1934, como "arquitetos licenciados". A atuação dos mesmos e sua associação num escritório de longa permanência foi passo decisivo na constituição do campo da arquitetura em São Paulo. Este é apenas um exemplo dentre muitos que ainda figuram no esquecimento. Assim, se até o momento expusemos casos mais genéricos sobre a diversidade de construtores e aspectos do debate profissional que envolvia a formação do campo profissional de arquitetos e engenheiros, passemos a um estudo de caso mais específico que ajudará a elucidar apontamentos levantados anteriormente.

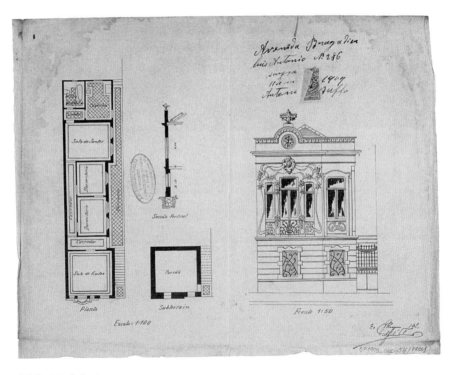

(14) Projeto de Sante Bertolazzi para a construção de uma casa na Rua do Hipódromo, Mooca. Ano: 1913. Proprietária: Cecília de Freitas.

CAPÍTULO 3

JOAQUIM CARLOS AUGUSTO CAVALHEIRO

Casa da família
Mendes-Cavalheiro.
Ambrótipo, placa de vidro,
12 x 16 cm.
(Roger Sassaki / out. 2015)

Francisco Cavalheiro, o pai

Diante do que foi exposto, fica evidente a dificuldade de se encontrar vestígios materiais da trajetória profissional de sujeitos que não entraram para o cânone dos "grandes construtores" da história de São Paulo. Todavia, o caso de Joaquim Carlos Augusto Cavalheiro constitui exceção digna de nota. Iniciamos nossas linhas com um construtor colocando em revista sua trajetória.

Uma casa na Rua Uruguaiana, no tradicional bairro do Brás, que guarda "relíquias" inestimáveis não só de um empreiteiro típico dos bairros centrais do início do século XX, mas também da história da passagem do Império à República, da escravidão à mão de obra assalariada e de uma cidade marcada pela presença de chácaras paulatinamente loteadas. Assim, nos arquivos pessoais do empreiteiro e proprietário paulistano, encontram-se documentos do cotidiano pessoal e profissional de um "capitalista" e construtor característico da passagem do século XIX para o XX. Esboços de projetos para habitação, rabiscos de genealogia, títulos de eleitor do Império e da República, fotografias de viagens e passeios, são alguns fragmentos da vida de um sujeito que figurou dentre os principais empreiteiros

69

responsáveis pelo agenciamento e construção de centenas de obras na capital paulista nas primeiras décadas do século XX. Nesse período, Cavalheiro fez parte de um negócio lucrativo e em franca expansão: o mercado da construção civil na cidade de São Paulo.

Citamos, no início do Capítulo 1, um fúnebre fato para que pudéssemos situar a inserção social do construtor, proprietário de um jazigo perpétuo no elitizado Cemitério da Consolação. Diferente de inúmeros pequenos construtores que começaram com dificuldades construindo a própria casa e depois expandindo suas atividades, Cavalheiro já gozava de uma razoável condição social herdada de seu pai, Francisco de Assis Cavalheiro, que fora nomeado pessoalmente pelo segundo governador do estado de São Paulo na era republicana, Jorge Tibiriçá, para ocupar o mediano cargo de suplente de delegado de polícia no Brás, "devendo prestar, perante a autoridade competente, o compromisso solemne de ser fiel á causa da Republica".[1] Além de funcionário do governo, Francisco Cavalheiro era cidadão eleitor (15 e 16) desde o período Imperial, algo raro num país escravocrata e com uma Constituição que previa voto censitário.

Natural de Mogi das Cruzes e nascido em 1831, Francisco Cavalheiro também foi proprietário de escravo, conforme atesta a "Taxa dos Escravos" (17) paga por ele no ano de 1877. A

---

[1] Arquivo da Família Mendes-Cavalheiro. Declaração de nomeação.

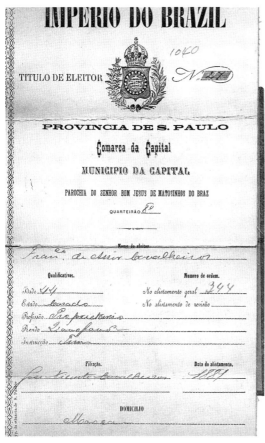 

(15) e (16) Diploma de eleitor do Império do Brazil de Francisco de Assis Cavalheiro, em 1889. Província de S. Paulo. Comarca da capital, município da capital, Parochia do Senhor Bom Jesus de Matosinhos do Braz. "Qualificativos: 44 anos, casado, proprietário, renda de 2:000$000".

71

condição "privilegiada" de Francisco é evidenciada pela condição do cativo assim definida pela "escriptura de venda":

> [...] Ambos conhecidos de mim escrivão do que dou fé, e por Francisca Maria Franco, foi dito que de hoje para sempre vende como de facto vendido tem ao sr. Francisco de Assis Cavalheiro e Silva, um escravo de nome Joaquim, viúvo de cincoenta e cinco annos de idade, desconhecido, por preço de tresentos mil reis livre de meia siza quantia que neste acto disse ter recebido, isto é, tendo pago a meia siza o comprador, e pela vendedora foi dicto que transferia toda a posse, juízo e dominio que desse dicto escravo tinha obrigando-se por sua pessoa e bens a faser boa a venda quando este o chamar a autoria.[2]

A partir de uma razoável posição na sociedade monárquica e escravocrata, Francisco não teve maiores dificuldades em se tornar parte do projeto republicano. Em verdade, o alinhamento da família Cavalheiro à causa republicana remonta ao ano de 1881. No dia 21 de dezembro, o diário *Correio Paulistano*[3] publicava a relação de cidadãos que acabavam de aderir à "União Conservadora" – agremiação política, ligada ao Partido Conservador, que se constituiu numa

---

2 Escritura de venda de escravo. Fonte: Arquivo Mendes-Cavalheiro. Sobre o imposto da "meia siza", imposto sobre qualquer transação envolvendo escravos nascidos no Brasil, ver Costa (2003, p.57-75).
3 Disponível em http://memoria.bn.br/.

(17) "Taxa dos escravos" paga por Francisco de Assis Cavalheiro em Mogi das Cruzes em 1877.
Fonte: Arquivo Mendes-Cavalheiro.

das bases do movimento republicano em São Paulo – com o seguinte tom:

> Vamos dar publicidade ás assignaturas dos cidadãos que adehriram a "União Conservadora". Estes nomes são muito conhecidos nesta capital. E esta a prova a mais evidente do que, depois dos últimos acontecimentos eleitoraes, operou-se em todos os espiritos partidarios a mais benefica reacção. O partido conservador não podia continuar a viver ingloriamente. Uma longa experiencia demonstrava a indeclinavel necessidade de garantil-o no futuro, contra os elementos dissolventes que obstaram até hoje o seu engrandecimento. Viamos todos os sacrifícios inutilizados pelas continuas traições. Quer no governo, quer na opposição, não podiamos adquirir a necessária força. Enfraquecidos por elementos heterogenios, desprestigiados constinuamente por transacções indecorosas com os adversarios, não podíamos inspirar confiança á opinião publica. Estavamos diante de um dilemma. Ou uma nova organização ou a debandada. Ou nos tornamos um partido serio e forte pela cohesao e solidariedade de idéas e acções, ou não reagimos mais contra aquelles que tem procurado fazer do partido conservador da província um instrumento de suas miseráveis especulações. Esta reunião da capital, sem igual na historia da vida de nossos partidos politicos, é a iniciação de uma grande idea que uma vez adoptada na província collocará o partido conservador em condições de alcançar no futuro as mais assignaladas victorias. Inspirados por tão generosos sentimentos – par-

tidarios os ilustres conservadores que assentaram as bases da "União Conservadora" hão de encontrar em toda a província, estamos certos, todas as provas da mais enthusiatica adhesão. Todas as posições estão hoje bem definidas, e ninguém mais poderá por em duvida aonde se acha o partido conservador. (*Correio Paulistano*, 21 out. 1881)

Os "elementos heterogêneos", "transações indecorosas" e "traições" não deixam nada a desejar a qualquer imbróglio contemporâneo da história como farsa.[4] Muitos dos nomes que assinam o manifesto são os mesmos que encabeçam, anos mais tarde, a organização administrativa republicana no município da capital. Dentre eles, figuras como o "ilustre" Antônio da Silva Prado, primeiro prefeito de São Paulo; Joaquim José Vieira de Carvalho, deputado do Império e vice-presidente da província de São Paulo; Frederico José de Araújo Abranches, senador por São Paulo e ex-presidente de provincia (Paraná e Maranhão); Antônio Pinto do Rego Freitas, presidente da Câmara Municipal; Antonio Proost Rodovalho, coronel na Guerra do Paraguai (1864-1870), empresário de grande monta e político. Ainda hoje, todos figuram no imaginário paulistano por meio das ruas que levam seus nomes. Entre os "donos do poder" acima citados, estão Francisco de Assis Cavalheiro e seu filho, então com 25 anos, Joaquim Carlos Augusto Cavalheiro.

---

4   Ver Marx, K. *o 18 de brumário de Luís Bonaparte*. São Paulo: Boitempo,2011.

Major Joaquim, o filho

De fato, foi a partir do generoso capital simbólico e material de seu pai que Joaquim Cavalheiro pôde começar sua carreira de "capitalista" no Brás e na Mooca. Morador da região desde os tempos do Império, Cavalheiro foi um dos empreiteiros brasileiros mais atuantes na "estrangeira" cidade de São Paulo entre 1880 e 1930. Nascido em Mogi das Cruzes no dia 17 de agosto de 1856, onde passou parte da infância, mudou-se com seus pais para a cidade de São Paulo no final da década de 1870. Identificamos suas atividades como "proprietário" e "capitalista" nas ruas do Brás e da Mooca desde 1890. Adquiriu alguns terrenos na Rua Piratininga entre 1890 e 1892. Comprou, em 1890, por exemplo, um terreno no valor de 1:100$000 (um conto e cem mil réis) dos grandes proprietários e investidores Victor Nothman e Martim Burchard. Construiu, em 1883, sua casa na Rua Uruguaiana, 42 (posterior 168), onde estabelecera não só sua residência, mas também seu escritório de trabalho. A partir daí empreendeu centenas de projetos de construções novas e reformas.

Autor de 445 projetos (entre obras novas e reformas) entre 1906 e 1915, Cavalheiro era tão conhecido em seu tempo e local de atuação, que lhe renderam homenagem com nome de rua no bairro do Brás, a partir de 1916, conforme consta na Seção de Logradouros do AHMWL.[5]

---

5 Para maiores detalhes ver *Dicionário de ruas de São Paulo*. Disponível em: http://www.dicionarioderuas.prefeitura.sp.gov.br.

Trata-se da Rua Cavalheiro, próxima à atual estação Brás do trem metropolitano de São Paulo. Sua posição e seu prestígio lhe valeram também a patente de major da Guarda Nacional, conforme "Carta patente" **(18)** assinada pelo presidente Campos Sales (1898-1902), em 1901.

A rede de relações do "major" **(20)** envolvia, além da chancela dos líderes da "União Conservadora", uma intensa agenda corriqueiramente registrada nas "páginas sociais" do *Correio Paulistano*: mesário em dias de eleição, jurado do Tribunal de Justiça, organizador de festas na Igreja Matriz do Brás como presidente do "Centro Cathólico", além de constante presença em casamentos e velórios.

Em 1897, foi registrado como "empreiteiro de obras", de acordo com o Registro de Empreiteiros da Seção de Obras do Município **(19)**. Não passou pelos bancos do Liceu de Artes e Ofícios, como muitos italianos, e nem pelo ensino superior, que apenas começava com a Escola Politécnica (1894). Sua intensa atuação desconstrói a tese de que os bairros centrais foram, em sua maioria, projetados/construídos somente por mestres italianos.

O inventário do espólio de sua esposa, Maria da Glória Cavalheiro **(23)**, falecida em 1933, pode não relatar uma grande fortuna, mas dá o tom da confortável posição da família. O montante relatado pelo escrivão configura a generosa soma de "duzentos e noventa e seis contos, seiscentos e noventa e cinco mil e cincoenta reis

(18) Carta patente assinada pelo presidente Campos Sales em 20 de abril de 1901, conferindo o título de major fiscal do 66º Batalhão da Reserva da Guarda Nacional da Comarca da capital do estado de São Paulo a Joaquim Carlos Augusto Cavalheiro. Fonte: Arquivo Mendes-Cavalheiro.

(19) Registro municipal de empreiteiros de obras de 1897. Verifica-se aqui a escassa presença de engenheiros-arquitetos diplomados e o predomínio de mestres empreiteiros, como Joaquim Carlos Augusto Cavalheiro, Leopoldino Antonio dos Passos, Narciso Frediani e Manoel Belleza. Dentre os arquitetos mais conhecidos, o sueco Carlos Ekman, os italianos José Rossi, Francisco Brenni, além do florentino Giulio Micheli. Fonte: AHMWL-SP, Registro de Empreiteiros de 1897.

(20) O major Joaquim
Cavalheiro com os trajes da
Guarda Nacional em 1901.
Fonte: Fotografia do Arquivo
Mendes-Cavalheiro.

(21) Diploma de Eleitor do Império de Joaquim Carlos Augusto Cavalheiro. Como alcançou o período republicano, a parte interna do título já é da "Republica dos Estados Unidos do Brasil" e não conta mais com o "qualificativo de renda" para permitir o voto.
Fonte: Arquivo Mendes-Cavalheiro.

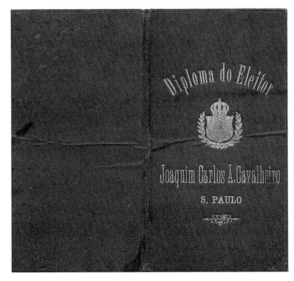

(296:695$050)".⁶ O valor envolve também os imóveis: três casas na Rua Uruguaiana; duas casas na Rua Gomes Cardim; duas casas na Rua Piratininga; duas casas na Rua Coronel Mursa; e uma casa, no valor de 30:000$00, na então "chácara da Vila Emma" ou Chácara Cavalheiro (atual Vila Ema na Zona Leste), onde a família costumava folgar com piqueniques e festejos.

Casado com Maria da Glória Cavalheiro em "primeiras e únicas núpcias", foi pai de numerosa prole (sete filhos). Sempre zeloso com a memória da família, é corriqueiro encontrar em seu acervo pessoal "rabiscos" com anotações de contas a pagar/receber, desenhos de casas e nomes de parentes próximos numa espécie de genealogia. Fotografias da cidade de Santos e da Chácara Cavalheiro, na Vila Ema, evidenciam a vida privada e os hábitos de lazer de Joaquim e seus familiares (**24** a **29**).

Ainda entre os documentos de seu acervo, uma quantidade significativa de recortes de jornais, panfletos e exortações à revolução denunciam o entusiasmo e o engajamento da família na Revolução Constitucionalista de 1932 (**30** e **31**). Com efeito, o imaginário de paulista orgulhoso e de brios feridos – fomentado pelas elites paulistas sacadas do poder com a ascensão de Getúlio Vargas – levou Joaquim e toda a sua prole à defesa fervorosa da "pátria bandeirante". Não são poucos os retratos e toda sorte de decoração que ainda hoje figuram nas paredes da velha casa da Rua Uruguaiana.

---

6 Inventário do espólio de Maria Glória Cavalheiro. 1933. Fonte: Arquivo Mendes-Cavalheiro.

(22) e (23) Joaquim Carlos Augusto Cavalheiro e Maria da Glória Cavalheiro em retratos do início do século XX.
Fonte: Arquivo Mendes-Cavalheiro.

(24) e (25) À esquerda, Joaquim (do lado direito) em Monte Serrat com sujeito não identificado. À direita, Joaquim posa para foto na serra de Santos em meados da década de 1920. Fonte: Arquivo Mendes-Cavalheiro.

(26) A família na Chácara Cavalheiro (Vila Ema) na década de 1920. De cabelos grisalhos, de pé, no centro da fotografia e ao fundo, Joaquim Cavalheiro. Filhos, genros, netos e empregados acompanham o "chefe" da família. Note-se que, a despeito das poses "despojadas" e "irreverentes", Cavalheiro mantém a seriedade, talvez lembrando a todos ali que o mundo do trabalho e as diferenças de gênero não poderiam ser apagados pelo lazer que temporariamente "negava" as distinções de classe.
Fonte: Arquivo Mendes-Cavalheiro.

(27) Cavalheiro e familiares na Chácara Cavalheiro. Bem trajado, aparentemente mal-humorado, grave e sisudo, Joaquim é o segundo (sentado) da direita para a esquerda, desviando seu olhar da lente da câmera. Os netos, todos descalços, evidenciam o lazer familiar na então chácara na Zona Leste de São Paulo.

(28) Casa da chácara na Zona Leste, década de 1920, entremeada por cerca e pela vegetação. As sobrevergas, acima das janelas, denunciam que os tijolos laminados são apenas revestimentos. A entrada, com peças de madeira, evoca a solução dada a chalés. Os frisos, logo abaixo do telhado, são decorados em estilo floreal. Ainda na entrada, dois homens (não identificados) parecem posar para o fotógrafo. Esta fotografia é um raro e precioso vestígio material de uma sociabilidade outrora muito comum nos arrabaldes da cidade de São Paulo.
Fonte: Arquivo Mendes-Cavalheiro.

(29) Num ângulo mais próximo, os detalhes dos ornamentos apontados na fotografia anterior. Próximas à singela cerca de madeira, duas mulheres posam para as lentes. À direita, provavelmente a filha mais velha de Joaquim, Alzira Cavalheiro, e seu marido, João Cardoso.
Fonte: Arquivo Mendes-Cavalheiro.

> **PAULISTAS!**
> Repelí com toda energia os boateiros, os derrotistas. São todos espiões a serviço da dictadura!
> Denunciae-os!
> **TUDO PELO BRASIL**

(30) e (31) Panfletos da Revolução Constitucionalista exortando a população a denunciar os supostos traidores da causa paulista contra o Governo Provisório (1930-1934) de Getúlio Vargas. Fonte: Arquivo Mendes-Cavalheiro.

CAPÍTULO 4

CAVALHEIRO E SUAS OBRAS

Casa da família
Mendes-Cavalheiro.
Ambrótipo, placa de vidro,
12 x 16 cm.
(Roger Sassaki / out. 2015)

Uma produção para além do Brás e da Mooca

Além dos fragmentos biográficos, a trajetória de atuação de Joaquim Cavalheiro põe na berlinda uma cultura profissional cara à produção do espaço urbano da cidade de São Paulo. Com efeito, Cavalheiro não fez parte da tradição construtiva dos mestres lusitanos ou italianos e também não integrou o universo dos arquitetos e engenheiros diplomados, que ainda se afirmava na tentativa de controlar os discursos e práticas que definiriam o "cânone" oficial de construtores da cidade. A presença de construtores como Cavalheiro não era de forma alguma exceção entre os profissionais da construção civil. A despeito da paulatina presença de italianos projetando e construindo a cidade, principalmente a partir de 1890, a atuação de brasileiros sempre foi uma constante, muitas vezes superando o número de obras dos italianos.

Certamente, os projetos de Joaquim não estavam entre os mais próximos dos desenhos ecléticos da chamada arte floreal e, ao que tudo indica, diferentemente de muitos mestres italianos, não tinha no seu acervo pessoal manuais como o de Vignola. Sua dimensão estética circulava por um neoclássico despojado e por invenções ecléticas variadas. Seguindo as normas da legislação edilícia, o construtor projetou e executou principalmente residências e imóveis de uso misto (casa e comércio). Os mapas a seguir dão a dimensão da atuação de Cavalheiro não só na região do Brás e da Mooca, mas também no Cambuci, Bela Vista, Liberdade e Bom Retiro.

Num levantamento que cobre o período de 1906 a 1915, o **Mapa 1** evidencia a produção bienal de Cavalheiro, que segue uma ordem crescente entre 1906 e 1913 e um brutal declínio entre 1914 e 1915, provavelmente como consequência da crise deflagrada pela Primeira Guerra Mundial. Com 445 projetos no referido período, fica evidente a concentração da produção de Joaquim no Brás e na Mooca. No entanto, sua presença se fez sentir também no Pari, no Belém, no Cambuci (Baixada do Glicério), na Bela Vista, Aclimação e Bom Retiro. O **Mapa 2** identifica as tipologias programáticas mais recorrentes. Os projetos residenciais dominam a produção de Cavalheiro num total de 308. Os imóveis de uso misto (casa e comércio) vêm em segundo lugar, com 75 projetos. O uso estritamente comercial envolve 13 projetos, e o uso industrial, 7. Anexos, lazer, infraestrutura e serviços contabilizam outros 42 projetos. A produção residencial de Joaquim Cavalheiro representa praticamente 70% do montante total produzido por ele no período. É interessante ressaltar ainda, conforme indica o **Mapa 3**, que 315 projetos de Cavalheiro representam construções novas e 114 representam reformas. Tais números indicam que, longe de ser um mero projetista de pequenas reformas, o construtor produziu significativa parcela do patrimônio edificado da região.

O **Mapa 4** relaciona a produção de Joaquim com seus principais contratantes e também a quantidade de obras cuja propriedade era do próprio construtor. Dos 445 projetos, Joaquim era proprietário de apenas 9. *A priori* um número irrisório, mas o suficiente para garantir confortáveis rendas de aluguel. Só na Rua Uruguaiana, onde residia, Cavalheiro projetou 16 residências, das quais 5 eram de sua propriedade. Quanto aos seus contratantes principais, num montante bastante diversificado de brasileiros e italianos, destacamos Raphael Avino, com 11 projetos entre 1906 e 1915. Proprietário no Brás, Mooca e Belém, Avino contratou a construção de 6 residências, provavelmente para aluguel, e mais 5 imóveis de uso misto (comércio e residência). Os exemplares a seguir (**32** a **44**) dão a dimensão das tipologias programáticas mais recorrentes projetadas por Cavalheiro.

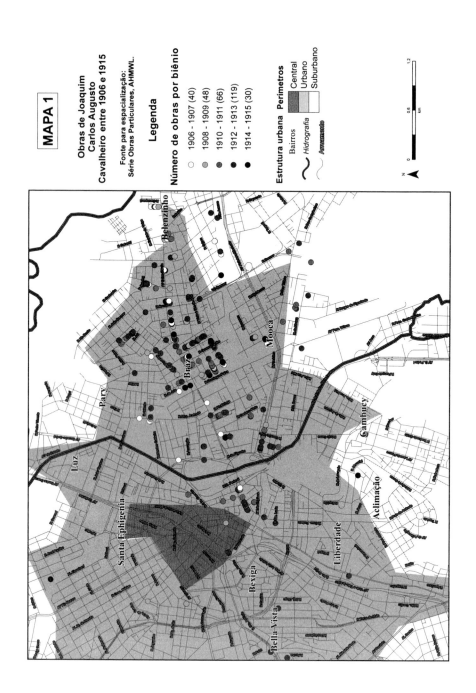

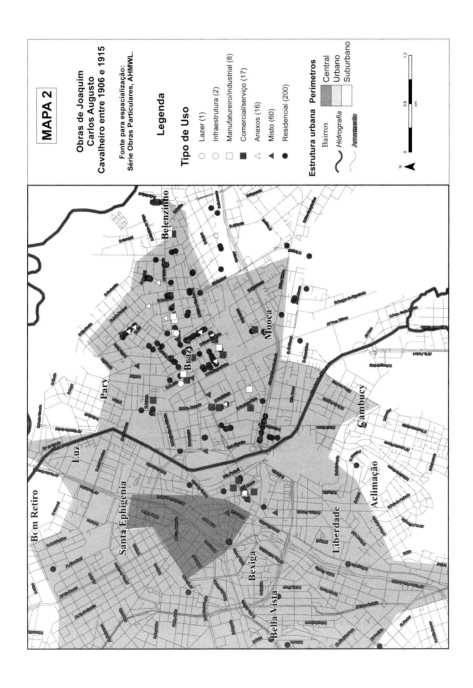

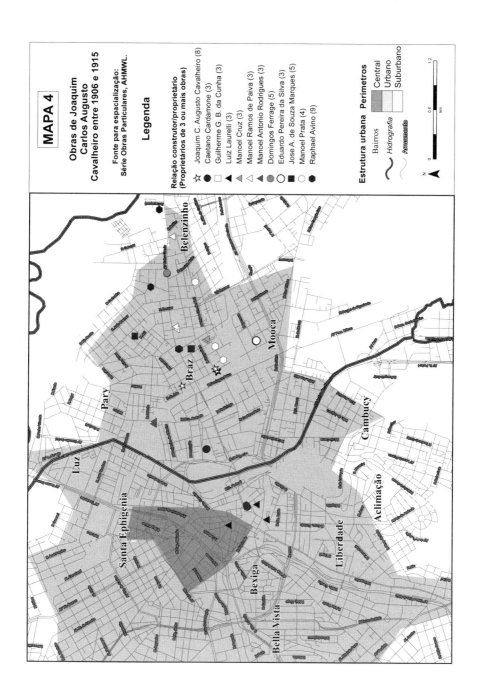

Programas e tipologias edilícias

Casas mistas

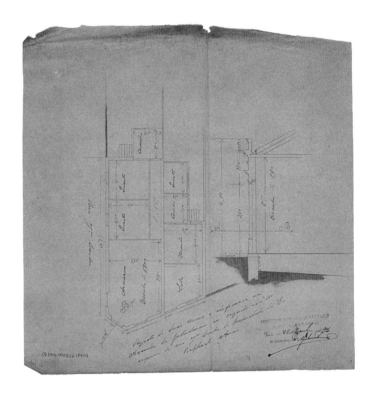

(32) Projeto aprovado pela Prefeitura Municipal de São Paulo, Diretoria de Obras, para a construção de duas casas entre a Rua Joaquim Carlos e a Avenida da Intendência (atual Celso Garcia), no Brás, em 1906. Observa-se o recorrente uso misto com comércio de esquina (armazém).
Projeto: Joaquim Carlos Augusto Cavalheiro.
Proprietário: Raphael Avino.
Fonte: Série Obras Particulares, AHMWL-SP.

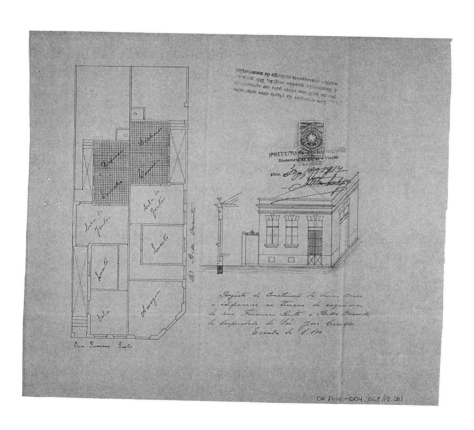

(33) Projeto para a construção de duas casas na Rua Firmiano Pinto, Belém, sendo a da direita, de esquina, de uso misto para um açougue. A fachada, eclética, denuncia uma solução corriqueiramente utilizada por Joaquim Cavalheiro, janelas com sobrevergas de tímpanos simplificados com aduelas e pedra chave. O recuo lateral e os porões elevados evidenciam os novos hábitos de conforto e higiene apregoados pela legislação urbanística.
Projeto: Joaquim Cavalheiro.
Proprietário: José Cirillo.
Fonte: Série Obras Particulares, AHMWL-SP.

Casas em série

(34) Projeto de duas casas em série (espelhadas) na Rua Tabatinguera, 41, Centro, 1913. Tipologia recorrente em todos os bairros da cidade, as casas em série representavam significativa parcela dos negócios da construção civil e do mercado imobiliário para aluguel em São Paulo. Um dos poucos projetos de Cavalheiro na região central.
Projeto: Joaquim Cavalheiro.
Proprietário: Luiz Laurelli.
Fonte: Série Obras Particulares, AHMWL-SP.

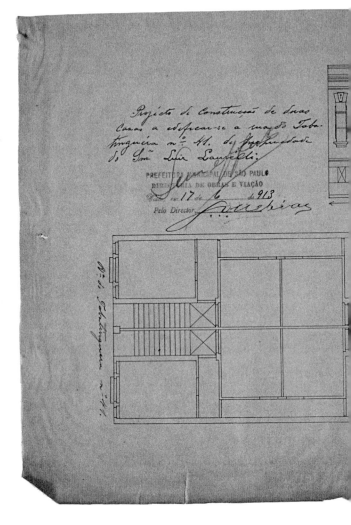

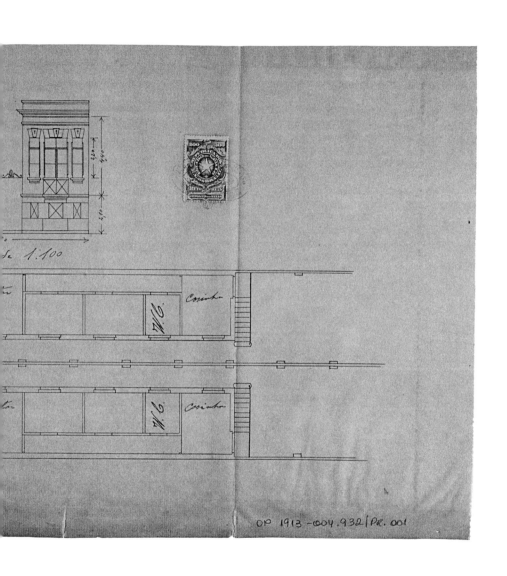

(35) Projeto para a construção de nove casas em série de "padrão operário" (três cômodos), na Rua Santa Rita, Pari, 1913. Na esquina, à esquerda, casa de uso misto.
Projeto: Joaquim Cavalheiro.
Proprietário: Francisco Maria Barata.
Fonte: Série Obras Particulares, AHMWL-SP.

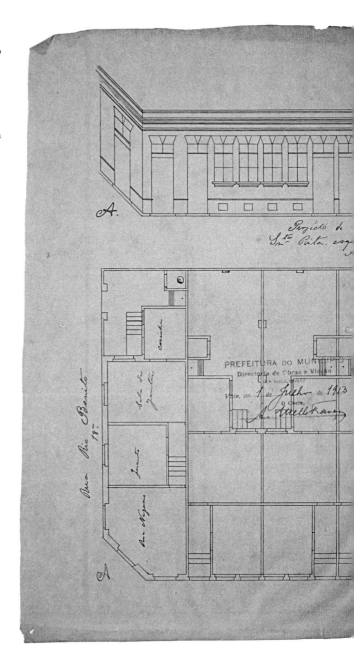

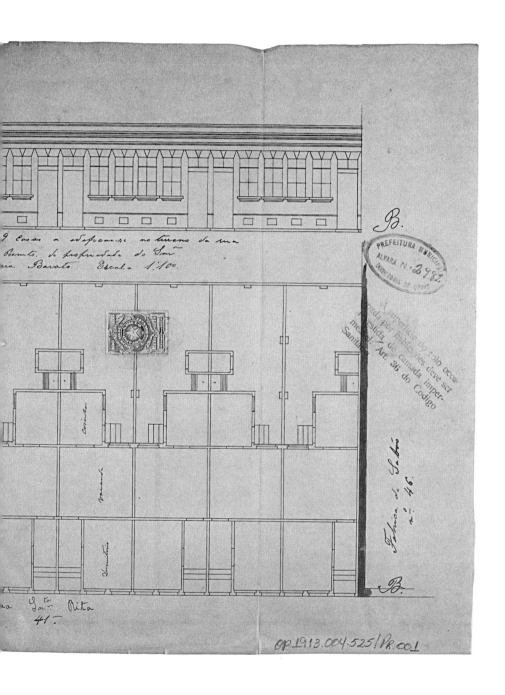

Casas simples

(36) Projeto para a construção de uma casa simples de classe média-baixa na Travessa Joli, Brás, 1913. Com quatro cômodos: sala, quarto, sala de jantar e cozinha.
Projeto: Joaquim Cavalheiro.
Proprietário: Raphael Avino.
Fonte: Série Obras Particulares, AHMWL-SP.

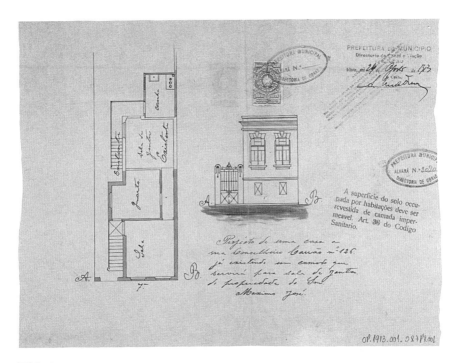

(37) Projeto para a construção de uma casa de classe média-baixa na Rua Conselheiro Carrão, 126, Bela Vista, 1913.
Projeto: Joaquim Cavalheiro.
Proprietário: Maximo José. Fonte: Série Obras Particulares, AHMWL-SP.

Casas de padrão médio

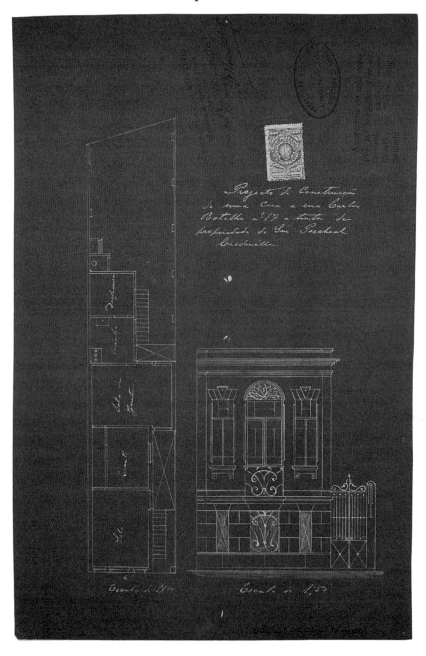

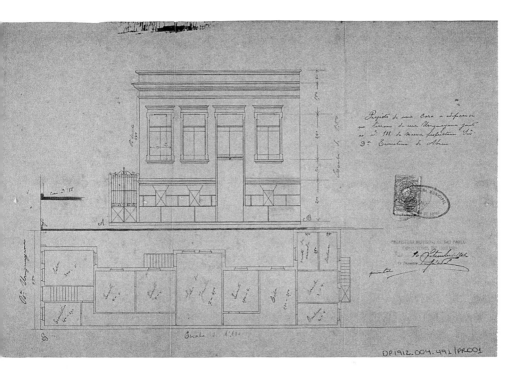

(38) Página anterior. Projeto para construção de uma casa de classe média na Rua Carlos Botelho, 17, Brás, 1913.
Projeto: Joaquim Cavalheiro.
Proprietário: Paschoal Cardarella.
Fonte: Série Obras Particulares, AHMWL-SP.

(39) Projeto para a construção de uma casa na Rua Uruguaiana, 188, Brás, 1912. Com sala, escritório, três quartos, sala de jantar, copa, cozinha, quarto de criada, despensa e banheiro interno. Os 11 cômodos, incluindo o "quarto de criada" (típico de uma condição social mais abastada), evidenciam o padrão classe média do período.
Projeto: Joaquim Cavalheiro.
Proprietária: Ernestina de Abreu.
Fonte: Série Obras Particulares, AHMWL-SP.

Sobrados de uso misto

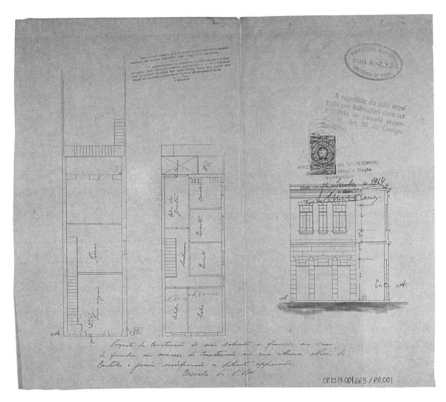

(40) Projeto para a construção de um sobrado, com negócio no térreo, na Rua Ana Néri, Cambuci, 1914. No pavimento superior, uma sala, uma saleta, dois quartos, sala de jantar, cozinha, um terraço e um banheiro. Projeto: Joaquim Cavalheiro. Proprietário: Castilho e Irmão.
Fonte: Série Obras Particulares, AHMWL-SP.

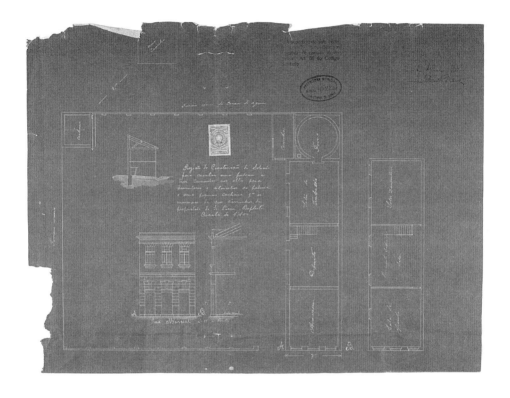

(41) Projeto para a construção de um sobrado e uma cocheira na Rua Marcial, 15, Mooca, 1913. No térreo: armazém, depósito, salão de trabalho e um forno para o funcionamento de uma padaria. No pavimento superior: sala de frente, sala e dormitório.
Projeto: Joaquim Cavalheiro.
Proprietário: Baptista Picca.
Fonte: Série Obras Particulares, AHMWL-SP.

Casas de comércio/serviços/indústria

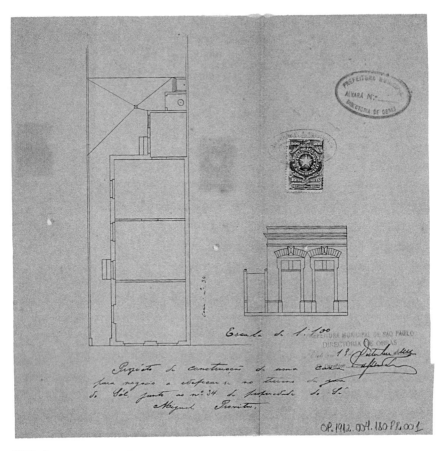

(42) Projeto para a construção
de uma casa para negócio
na Rua do Sol junto ao n.34.
Projeto: Joaquim Cavalheiro.
Proprietário: Miguel Provita.
Fonte: Série Obras
Particulares, AHMWL-SP.

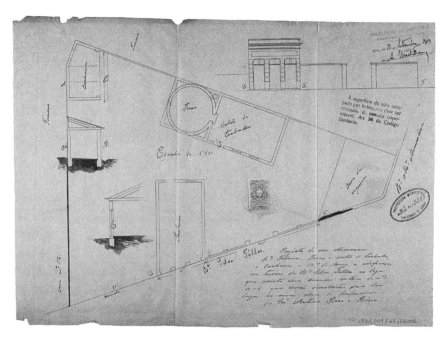

(43) Projeto para a construção de um armazém para padaria, com forno, salão de trabalho e cocheira.
Rua Silva Telles, Brás, 1913.
Projeto: Joaquim Cavalheiro.
Proprietários: Antonio Pissa e Bóssa.
Fonte: Série Obras Particulares, AHMWL-SP.

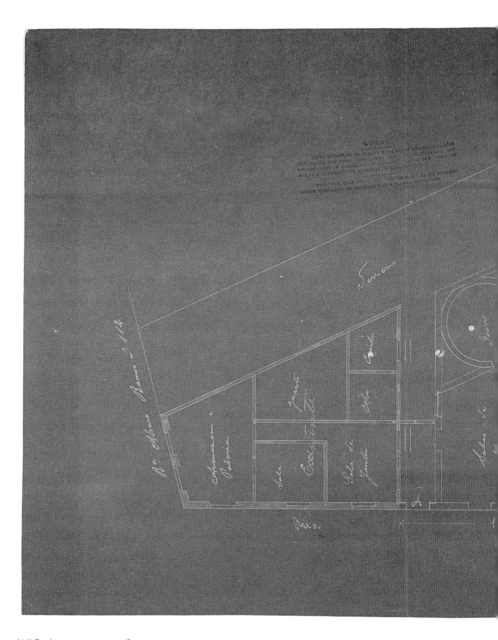

(44) Projeto para construção de um salão de trabalho e de um forno para padaria. Rua Álvaro Ramos, Belém, 1913.
Projeto: Joaquim Cavalheiro.
Proprietário: Antônio de Oliveira Silva.
Fonte: Série Obras Particulares, AHMWL-SP.

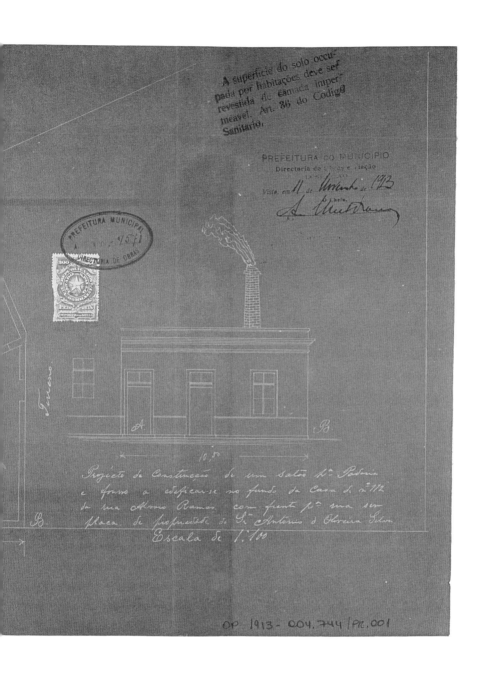

O canteiro de obras

Entre casas, sobrados, armazéns e padarias, Cavalheiro se consolidou como importante empreiteiro da região, expandindo seus negócios para outros bairros centrais da cidade. Diferente de muitos construtores, não começou como pedreiro, mestre de obras e depois empreiteiro. A partir da inserção social de seu pai, pôde especular desde cedo com terrenos no Brás e na Mooca, e a partir disso, passou a projetar e construir. Quanto às questões que envolvem relações de trabalho com uma equipe, algumas notas de contas a pagar/receber esboçam o quadro de relações profissionais de Joaquim Cavalheiro, assim como exemplificam materiais de construção e técnicas construtivas. São anotações num velho caderno escolar convertido em "planilha" de contas. Em cada página tem-se o nome do cliente que o contratou e as diversas despesas com a casa a ser construída ou reformada. Um dos clientes é Augusto Urioste, que contratou em 1910 a construção de uma casa na Rua Piratininga, Brás, entre os números 84 e 86 **(45)**. A relação de gastos inclui dias de trabalho pagos aos trabalhadores da obra e dias pagos ao próprio Joaquim Cavalheiro, aparentemente sujando seus pés no canteiro de obras. Segue abaixo a transcrição de alguns gastos:

Ilmo Snr. Agto Urioste
Scerviços meos 20 e ½ dias, 102$500
3 gfas de espirito, 36 gramas, 1$500
½ gfa de vernis 6 anos de Pinho, $600
16 dias e ¼ de cervisso do Snr Delphino, 2$200 (por dia), 35$200
1l e ¾ de Manuel de Almeida, 6$650
2 ½ kilos de zarcão, 1$500
9 dias do Benedito, 3$000 (por dia), 27$000
9 ¾ do Pascoal, 29$250
Roxo rei e sombra para tingir, $600
1 barrica de alvaiade, 18$000
1 lata de óleo, 7$000
4 parafusos com pólea de 1,10c , 4$000
500 gramas de roxo 1º Vermelho, $300
2 gfas de espirito, 36 gramas, 1$000
2 gfas de espirito, 40 gramas, 1$200
3 folhas de lixa, $120
5 gfas de espirito, 40 gramas, 3$000
3 gfas de espirito, 40 gramas, 1$800
Imparte de vidros que comprei, 14$320
3,600 gramas de aguarraz, 2$300
10 dias e ¾ de Pascoal (3$000), 32$250
11 e ½ dias meos, 56$250
1 kilo de rocho rei, 1$000
Aluguel da escada grande e carreto, 17$300
3600 gramas de aguarraz, 2$300
4 folhas de lixa, $760
2 pacotes de secante azul, $400
1,8 kilo de verniz epral, 4$320.[1]

---

1 Lista de despesas de Joaquim Cavalheiro na construção da casa de Augusto Urioste. Fonte: Arquivo Mendes-Cavalheiro.

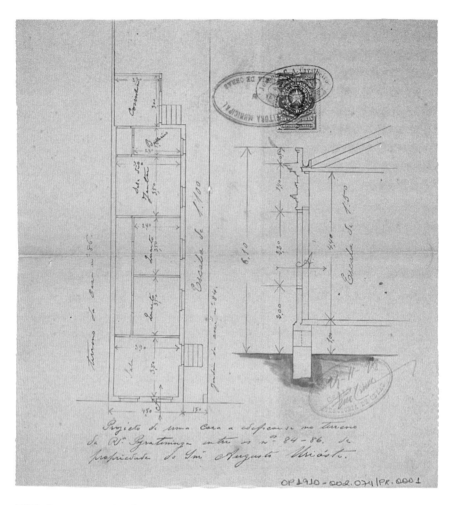

(45) Projeto para a construção
de uma casa de padrão médio
na Rua Piratininga, Brás, 1913.
Projeto: Joaquim Cavalheiro.
Proprietário: Augusto Urioste.
Fonte: Série Obras
Particulares, AHMWL-SP.

A listagem representa apenas uma parte do processo de construção da dita casa. Os tipos de materiais de construção indicam a fase de acabamento da obra. Lixas, verniz, roxo-rei (pó ocre-amarelo utilizado na preparação da tinta vermelha) e alvaiade (pigmento branco à base de chumbo utilizado na pintura de exteriores) são materiais utilizados na pintura da residência. As recorrentes "gfas (garrafas) de espirito" na listagem acima intrigam o leitor de hoje: dos muitos significados da palavra "espírito", nos interessa de perto aquele utilizado pelos antigos alquimistas.[2] O "espirito" utilizado por Joaquim nada mais é que o "espírito de vinho", ou seja, produto da fermentação alcóolica do açúcar contido no mosto das uvas. O espírito de vinho puro é um líquido incolor bastante volátil utilizado para dissolver matérias orgânicas não solúveis com água, como resinas e óleos. Também era corriqueiramente utilizado em espiriteiras (lamparinas a álcool), para aquecimento de água e iluminação.

Contudo, o que mais intriga na lista são os dias pagos aos trabalhadores da obra, destacados em negrito. Pascoal, Benedito e Manuel de Almeida recebiam, individualmente, 3$000 (três mil réis) por dia de trabalho. Já o "Snr Del-

---

2 Segundo o *Dicionário Houaiss da língua portuguesa*, "espírito", no seu 18º significado, é "líquido obtido pela destilação; álcool [...]". Ainda na etimologia define: "lat. *spirĭtus*, us 'sopro, exalação, sopro vital, espírito, alma', ligado ao v. lat. *spirāre* 'soprar, respirar'; *esprito*, *espírito* foi, segundo Nasc, o nome que os antigos químicos deram aos produtos de destilação, por sua primitiva volatilidade, conservado até hoje em "espírito de vinho"; cp. fr. *esprit--de-vin* (1575) 'produto de uma destilação' [...]".

117

phino" recebia 2$200 (dois mil e duzentos réis) por dia. Seriam os três primeiros os pintores e o último o ajudante? De fato, qualquer que seja a resposta, os maiores ganhos ficavam por conta do "empreiteiro" Joaquim Cavalheiro (identificado em sua própria lista com "dias meos"/ "serviços meos"), tendo auferido por 20 dias e meio de trabalho a soma de 102$500 (cento e dois mil e quinhentos réis); e por 11 dias e meio, o valor de 56$250 (cinquenta e seis mil e duzentos e cinquenta réis). A julgar dos valores citados, Cavalheiro recebia 5$000 (cinco mil réis) por dia e praticamente 160$000 (cento e sessenta mil réis) por mês apenas pelo controle de uma obra. Certamente seus pés não se sujavam por completo no lodo atroz da espoliação de um canteiro de obras (Ferro, 2006).

Se os trabalhadores citados permanecem com uma identidade profissional "anônima", outro tem sua profissão revelada a partir da Série Obras Particulares. Trata-se do pedreiro italiano Sabatino Milhaccio, que em 1913 solicitou a Cavalheiro um projeto para a construção de um barracão para "depósito de restos de materiais de pedreiro" na Rua Gonçalves Dias **(46)** no Brás. *A priori*, um potencial parceiro de Cavalheiro na construção.

Se as fontes acima apontam para uma equipe de trabalho, O Diário Oficial do Estado de São Paulo (DOSP) desvela uma faceta importante dos capitalistas da construção civil no início do liberalismo republicano, a formação de "sociedades anonymas". Em março de 1914,

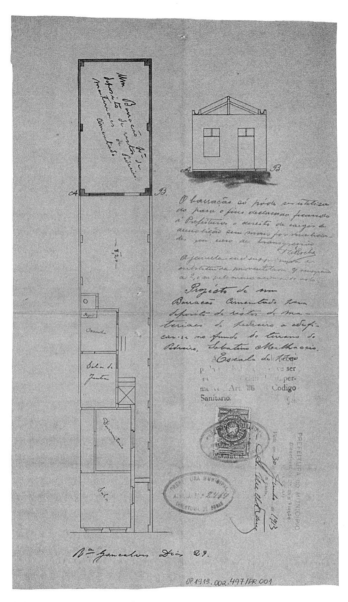

(46) Projeto para construção de
um barracão para depósito de
restos de materiais de pedreiro
na Rua Gonçalves Dias, 29.
Brás, 1913.
Projeto: Joaquim Cavalheiro.
Proprietário: Sabatino
Milhaccio.
Fonte: Série Obras Particulares,
AHMWL-SP.

Cavalheiro fundou com outros sócios "A Modelar: Companhia Edificadora Paulista"; os termos definidos foram:

> Artigo 1º. Fica constituída sob o titulo de "A Modelar" uma sociedade anonyma regida por estes estatutos e pela legislação em vigor.
> Artigo 2º. A sociedade terá a sua sede e fôro nesta Capital e agencias em todo o Brazil.
> Artigo 3º. O prazo de sua duração será de 50 annos, podendo ser prolongado.
> Artigo 4º. São fins da "A Modelar":
> 1) Construir para seus sócios casas de moradia com pagamento por prestações mensais, estabelecidas em contracto.
> 2) Construir casas e vendel-as.
> 3) Adquirir e vender terrenos.
> 4) Edificar em terrenos de ontrem que serão hypothecados á sociedade.
> 5) Levantar plantas e administrar por sua conta edificações particulares ou do Governo.

Ao que tudo indica, era de fato um empresário "especulador", negociando ações da construção civil. Só não sabemos se a sociedade anônima durou os 50 anos previstos, eventualmente sobrevivendo à crise da Primeira Grande Guerra (1914-1918).

Interessa notar ainda que, na década de 1920, Joaquim contratou os serviços do "architecto" José Cevenini para projetar duas casas. Uma delas é a casa da Rua Uruguaiana, 54 (atual 284), onde ainda hoje reside um dos bisnetos de Cavalheiro, e a outra na Rua Piratininga, 91 (**48** e **49**). Sempre autor de seus projetos, conforme se constata a partir de sua letra característica e em seus carimbos bem apagados próximos aos selos de pagamento de impostos colados nas plantas, inferimos que Cavalheiro tenha se associado a Cevenini para legitimar sua posição de construtor num momento de ascensão do discurso corporativo. No entanto, paira sobre o próprio José Cevenini a dúvida de sua condição profissional. No *Almanak Laemmert* de 1931, Cevenini é anunciado como "engenheiro" com escritório na Rua do Seminário, 36. Em 1936 é anunciado como proprietário de uma empresa construtora no mesmo endereço.[3] Nos projetos para Joaquim Cavalheiro se identifica como "Empreza Constructora Cevenini Ltda"; nos carimbos das plantas, como "Escriptorio Technico José Cevenini", ou seja, há indícios da indefinição das categorias profissionais e das estratégias de sobrevivência dos não diplomados.

---

3   Anúncios disponíveis em: http://memoria.bn.br/.

(47) Cartão de visitas de Joaquim Cavalheiro. A rasura no número da casa indica o novo emplacamento dos logradouros de São Paulo em 1916.
Fonte: Arquivo Mendes-Cavalheiro.

(48) Na base da página. Detalhe da assinatura de José Cevenini no projeto da Rua Piratininga, 91.
Fonte: Arquivo Mendes Cavalheiro.

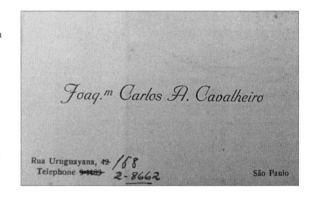

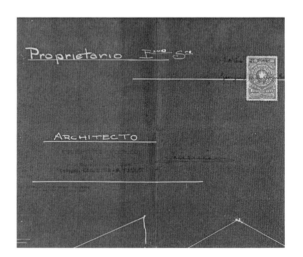

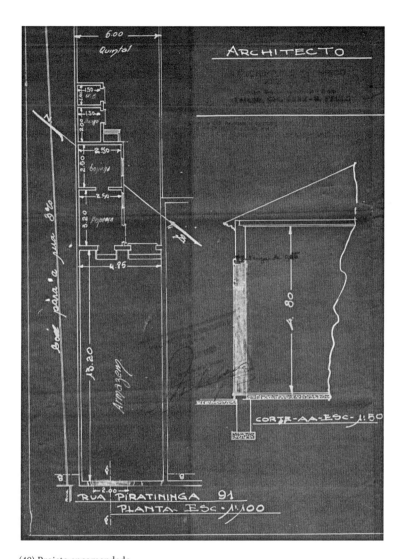

(49) Projeto encomendado por Joaquim Cavalheiro para a construção de um armazém na Rua Piratininga, 91, Brás, 1923.
Projeto: Escriptorio Technico José Cevenini.
O carimbo no canto superior direito indica a designação de José Cevenini como "architecto" com escritório técnico na região central.
Fonte: Arquivo Mendes-Cavalheiro.

Casas de Joaquim

A casa da Rua Uruguaiana, 42

A casa da Rua Uruguaiana, 42 ou 168 (já demolida), onde viveram e morreram Joaquim Cavalheiro e sua esposa Maria da Glória Cavalheiro, foi construída em 1883. Passou por uma significativa reforma em 1913. Numa fotografia **(50)**, provavelmente da década de 1920, é possível vislumbrar sua fachada. Foi nesta casa que Joaquim criou seus filhos, projetou suas obras e passou em revista sua vida e a de seus entes queridos no início da década de 1930.

Foi também nesse endereço que convidou familiares e amigos para o casamento de sua filha caçula, Alzira Cavalheiro, e também onde perdeu sua esposa por conta de um "collapso cardíaco" aos 72 anos, no dia 21 de junho de 1931, às 17h.

(50) Fotografia da casa da Rua Uruguaiana, 42, onde viveram Joaquim Cavalheiro e sua família por praticamente sessenta anos. Na fachada, a platibanda tem balaustrada adossada no corpo central, encimada por um frontão curvilíneo. Nas quinas laterais da platibanda veem-se ânforas de evocação clássica. Abaixo da cornija veem-se dentículos circundando todo o corpo da fachada. O alpendre é encimado por adornos recortados, os lambrequins, acompanhando o conjunto do portão.
Fonte: Arquivo Mendes-Cavalheiro.

A crônica social que perpassou o espaço dessa casa tem seus sujeitos identificados a partir da comemoração das bodas de ouro do casal:

> O sr. Major Joaquim Carlos Augusto Cavalheiro, antigo constructor e proprietario, nesta capital e sua esposa d. Maria da Glória Cavalheiro, festejam hoje seu 50º annversario de seu feliz matrimonio. O venerando casal, que goza da estima de nossa sociedade, conta com os seguintes filhos d. Francisca Cavalheiro Dias, casada com o sr. Major Julio Dias, chefe aposentado da contadoria de Estradas de Ferro; d. Benedicta Cavalheiro Alves casada com o sr. capitão Arlindo Roberto Alves, capitalista; João Alves Cavalheiro, pharmaceutico, casado com d. Laura Campos Cavalheiro; d. Ernestina Cavalheiro Ferreira, viuva do fallecido Ernesto Luiz Ferreira; Jorge de Assis Cavalheiro, funccionario da Repartição de Aguas, casado com d. Florisa Cavalheiro; Julio Cavalheiro, funcionario da Contadoria da E. de Ferro Ingleza; José Cavalheiro, empregado no commercio, casado com d. Aracy Racy Cavalheiro e d. Alzira Cavalheiro de Mello, casada com o sr. João de Mello, guarda-livros. Conta com 17 netos e três bisnetos.

O trecho, da seção de "Chronica Social" do *Correio Paulistano*, de 3 de maio de 1928, evidencia círculos de pertencimento pessoal e profissional, compondo-se como um pequeno quadro da sociedade paulistana do bairro do Brás. A partir da festa do "feliz matrimônio" de seus pais, os

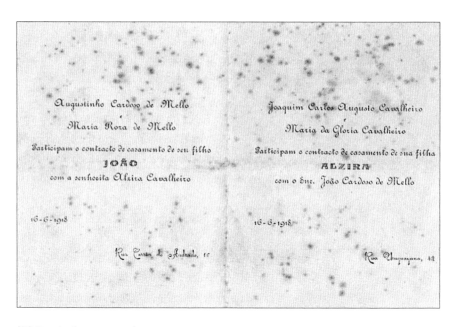

(51) Convite de casamento de Alzira Cavalheiro, filha mais nova de Joaquim. 16/6/1918. Fonte: Arquivo Mendes-Cavalheiro.

(52) Certidão de óbito de Maria da Glória Cavalheiro, esposa de Joaquim Carlos Augusto Cavalheiro. Reprodução autorizada de certidão, solicitada pelos familiares em 1989.

REGISTRO CIVIL DO 16.º SUBDISTRITO
MOÓCA
Distrito e Comarca da Capital
Estado de São Paulo

CERTIDÃO DE ÓBITO

CERTIFICO que, no livro C36-, deste cartório, a fls. 96- e sob n° 557-, encontra-se o registro de MARIA DA GLORIA CA-VALHEIRO,- do sexo feminino,-, com 72 anos,- de idade, de côr branca,-, filha de Pedro Alves Ferreira e de Brasilia Amelia de Castro, falecidos,- natural desta Capital, domestica, casada com Joaquim Carlos Augusto Cavalheiro, deixando seis filhos maiores a saber: Francisca, Brasilia, Ernestina, o declarante e Alzira, deixou bens,- O falecido deixou também um filho de nome Julio,- Ressalva-se a rasura supra onde se lê: "Brasilia".- Falecido no dia 21 de Junho de 1931-, as 17:00- horas na rua Uruguaiana nº 42,- deste subdistrito, vítima de collapso cardiaco, doença, insuficiência cardio renal,- conforme atestado do Dr. Heitor Valery,- arquivado em cartório. foi sepultado no cemiterio de Consolação,-

Observações: foi declarante: José Carvalheiro,- Ressalva-se a rasura supra onde se lê:"Brasilia".///

O referido é verdade e dou fé.

São Paulo, 06 de Novembro de 19 89.

A Oficial

filhos, um a um, vão mostrando as respectivas posições na hierarquia social. De alguma maneira, a maioria está ligada a elementos centrais da configuração do espaço urbano daquele período. A ferrovia, a repartição de águas, o comércio e o curioso caso de João de Mello – o genro de Joaquim Cavalheiro e esposo da caçula Alzira – cuja profissão era a de guarda-livros: profissão regulamentada desde 1870 no Brasil e que configurava a função do atual contador ou profissional contábil, alicerce do mundo financeiro. É sintomático que profissões como arquitetura e contabilidade estivessem passando por processos corporativos de profissionalização no mesmo período.

A casa da Rua Uruguaiana, 54

Atual número 284, essa é a casa onde ainda hoje reside um dos bisnetos de Joaquim Cavalheiro. É também o lugar onde está parte da documentação utilizada neste livro. A casa foi construída em 1906, e, conforme apontado anteriormente, foi reformada com um projeto de José Cevenini em 1926, incluindo alterações internas e a construção de uma garagem para automóvel. Foi também a casa onde morou Alzira Cavalheiro e João Cardoso de Mello, casados desde 1918.

Levemente alterada por João Cardoso de Mello e Alzira Cavalheiro, a casa ainda persiste numa paisagem urbana bastante diferente daquela da primeira metade do século XX. A região, antes residencial, foi tomada por pequenas fábricas de tecidos adaptadas às antigas casas com suas fachadas alteradas. Guichês de linhas "não oficiais" de ônibus acompanham a "intacta" casa. Quanto à sua disposição, evidencia as normas de salubridade, higiene e conforto exigidas pelo poder público na República Velha, com recuo lateral e porão elevado (Lemos, 1999a). A fachada sóbria evidencia a platibanda simples e os dentículos denunciam o ecletismo classicizante. As janelas, com bandeiras, têm um curioso guarda-corpo de ferro bastante estreito e estilizado com ramos, folhas e flores.

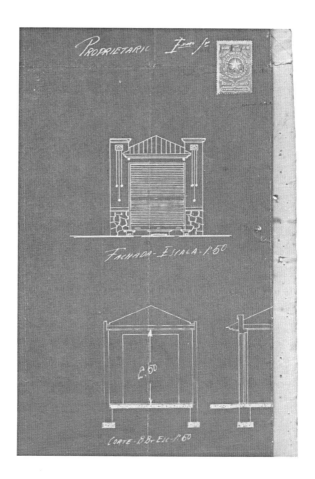

(53) Detalhe da garagem construída em 1926.

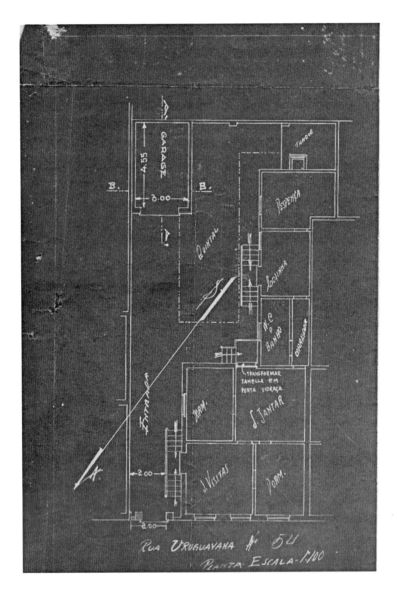

(54) Projeto de José Cevenini para a reforma da casa da Rua Uruguaiana, 54 (atual 284), em 1926. Além da construção da *garage*, alterações nas escadas que dão acesso à sala de visitas e a transformação da janela da sala de jantar em porta com vidraça.
Fonte: Arquivo Mendes-Cavalheiro.

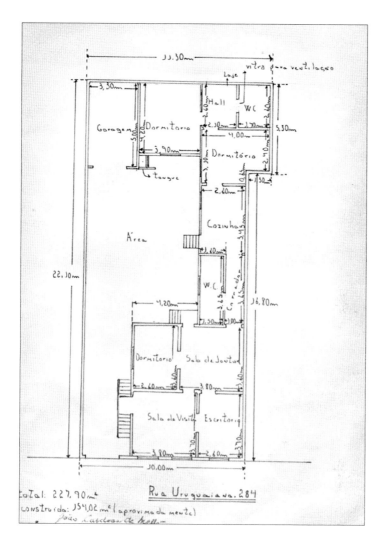

(55) Projeto esboçado por João Cardoso de Mello (genro de Joaquim Cavalheiro) na década de 1940. Observam-se alterações no uso dos cômodos. O dormitório ao lado da sala de visita se tornou escritório. A antiga despensa foi transformada em dormitório. A região do antigo tanque se tornou um WC e outro dormitório foi construído na área livre do quintal ao lado da garagem. Área total: 227,90 m². Área construída: 154,02 m².

(56) Fachada da casa da Rua Uruguaiana, 54 (atual 284), Brás, 2015.
Fotografia: Roger Hama Sassaki, 2015.

(57 a 59) Detalhes da fachada e das janelas, 2015.
Fotografias: Roger Hama Sassaki, 2015.

Na parte interna da casa pode-se alcançar a ampla área que dá acesso à sala de visita e mais adiante à sala de jantar, à cozinha e à garagem. Adentrando a sala de visitas, vislumbra-se o generoso pé-direito, o papel de parede azul com motivos de folhagem (certamente não original) e um velho piano da família.

Na sala de jantar, o ponto central da casa, além do papel de parede verde e de um telefone de parede, vislumbra-se a própria composição pessoal das memórias do bisneto de Joaquim. Objetos como pratos decorativos e quadros compõem o ambiente juntamente à mobília antiga. Um quadro representando São Paulo relembra o IV Centenário (1554-1954) da "metrópole rumo ao inexorável progresso" – trata-se de uma das "folhinhas" do pintor e desenhista Vicente Caruso (1912-1986).

(60) e (61) À esquerda, escadas de acesso à sala de visitas. À direita, escada com acesso à sala de jantar. Ambas foram construídas/reformadas no projeto de José Cevenini em 1926.
Fotografias: Roger Hama Sassaki, 2015.

(62) a (64) Conjunto de detalhes da sala de visitas, com assoalho e forro bem preservados.
Fotografias: Roger Hama Sassaki, 2015.

(65) Sala de jantar. Observa-se ao fundo um dos dormitórios. Na parede, à esquerda, a *pin-up* (modelos "voluptuosas" típicas da cultura gráfica de propaganda de calendários nos EUA) paulista segurando a "bandeira" de São Paulo descortina a janela de seu apartamento e vislumbra a metrópole pujante com o "Banespão" (Edifício Altino Arantes, 1947), o Edifício Martinelli (1934) e o prédio do Banco do Brasil (1954). Na parede atrás da moça é possível ver um quadro que remonta à fundação da capital. A ilustração é uma das obras mais famosas de Vicente Caruso, o adaptador das *pin-ups* americanas à realidade de São Paulo. Foi feita como propaganda para a Goodyear por ocasião do IV Centenário de São Paulo (1954).
Fotografias: Roger Hama Sassaki, 2015.

(66) e (67) Mais detalhes dos elementos que compõem a sala de jantar. A partir da porta à esquerda, acesso ao WC e à cozinha.
Fotografias: Roger Hama Sassaki, 2015.

(68) Porta da sala de jantar com acesso ao quintal.
Fotografia: Roger Hama Sassaki, 2015.

(69) No topo, detalhe do telefone de parede.
(70) Acima, detalhe do papel de parede vermelho do dormitório/escritório da parte frontal da casa.
Fotografias: Roger Hama Sassaki, 2015.
(71) Página seguinte, detalhe da cozinha. Do lado esquerdo é possível ver o corredor que dá acesso à sala de jantar. No chão, o ladrilho hidráulico xadrez.
Fotografia: Roger Hama Sassaki, 2015.

(72) Acima, detalhe da maçaneta do portão de entrada da casa.
Fotografia: Roger Hama Sassaki, 2015.

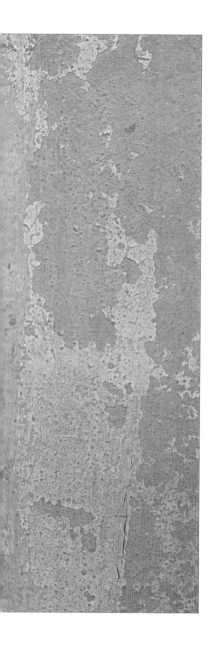

(73) Maçaneta de uma das portas da sala de jantar. Fotografia: Roger Hama Sassaki, 2015.

Portas e janelas entreabertas

Certamente a História é indelimitável: carece sempre de uma dose um tanto artística de recortes e representações de um passado acessível somente através de fragmentos, as chamadas fontes primárias. A trajetória de Joaquim Cavalheiro flutua assim entre as trivialidades de um cotidiano comum, com elementos que ajudam a elucidar questões relativas à produção do espaço e à cultura profissional de construtores que foram decisivos para a constituição do espaço urbano paulistano. Os elementos biográficos aqui expostos nem de longe esgotam outras tantas histórias de profissionais que contribuíram para a formação do campo profissional da arquitetura e da engenharia. Num "desafio biográfico" (Dosse, 2009), as portas entreabertas da trajetória de um sujeito como Joaquim sempre convidarão leitores, investigadores e novas interpretações.

Acostumado a esboçar memórias de vida e morte, com longos 84 anos de vida, depois de passar por inúmeros governos, golpes de Estado e revoluções, Joaquim já não pôde mais esquivar-se da "indesejada das gentes". No dia 13 de outubro de 1940, faleceu na casa de número 168 da Rua Uruguaiana. No dia seguinte, os vizinhos e transeuntes acompanharam de perto o féretro que seguiu em direção ao Cemitério da Consolação, onde o "extinto" se juntou aos seus iguais. A família contratou uma "organização

(74) Título de eleitor do "viúvo" e "proprietário" Joaquim Carlos Augusto Cavalheiro, em 1933, aos 76 anos de idade.
Fonte: Arquivo-Mendes Cavalheiro.

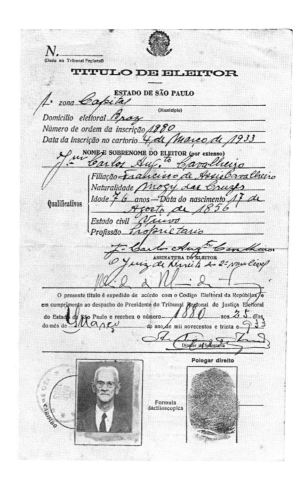

especialisada em serviços funerarios e publicidade" para divulgar o falecimento, organizar o enterro e a missa de sétimo dia do "major Joaquim Carlos Augusto Cavalheiro". Entre os dias 15 e 21 de outubro seu nome circulou pelos principais jornais da cidade. Em contrapartida, desde 1940 sua história permanecia adormecida nos papéis avulsos da casa de número 284 da Rua Uruguaiana, bairro do Brás, São Paulo.

(75) Capa da "Cartilha" de anúncio do falecimento de Joaquim Cavalheiro produzida pela "organisação especialisada em serviços funerarios e publicidade". Fonte: Arquivo Mendes-Cavalheiro.

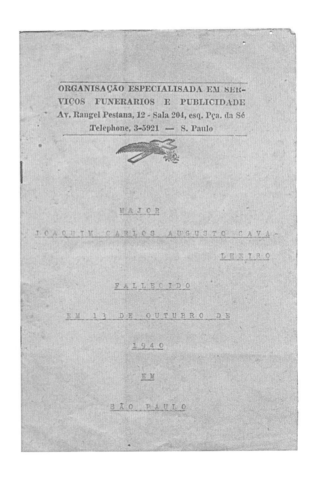

(76) Parte interna da cartilha de anúncio. No texto, além da publicidade dos pêsames, a morte como negócio é anunciada "a preços módicos". Fonte: Arquivo Mendes-Cavalheiro.

(77) Anúncio de falecimento do major Joaquìm Cavalheiro publicado no jornal *O Estado de S. Paulo*, de 15 de outubro de 1940. "Falleceu anteontem, nesta capital, aos 84 annos de edade, o sr. major Joaquim Carlos Augusto Cavalheiro, viuvo da sra. d. Maria da Gloria Cavalheiro. Deixa os seguintes filhos: Francisca, viuva do sr. Julio Dias; Brasilia, casado com o sr. Arlindo Roberto Alves; Ernestina, viuva do sr. Ernesto Ferreira; José e Alzira, casada com o sr. João Cardoso de Mello. Deixa ainda 20 netos e 13 bisnetos. O féretro sahiu ontem, ás 13 horas, da Rua Uruguayana, n.168, para o Cemiterio da Consolação". Fonte: Arquivo Mendes-Cavalheiro.

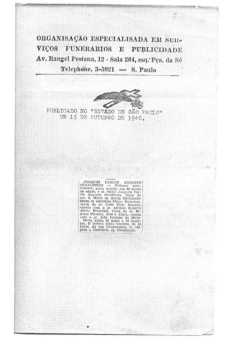

149

(78) Anúncio de missa de sétimo dia publicado na *Folha da Manhã*, de 20 de outubro de 1940.
Fonte: Arquivo Mendes-Cavalheiro.

(79) Nota, parte da cartilha de anúncio, exortando a família de Cavalheiro a anunciar a missa do trigésimo dia do "passamento" de Joaquim Cavalheiro.

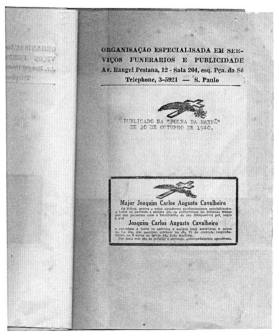

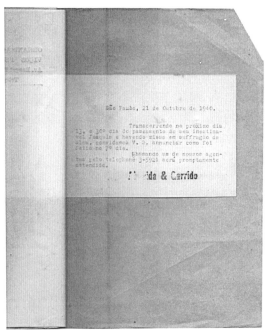

REFERÊNCIAS BIBLIOGRÁFICAS

ANGOTTI-SALGUEIRO, H. *La Casaque d'Arlequin*: Belo Horizonte, une capitale éclectique au 19 siècle. Paris: Éd. de l'École des hautes études em sciences sociales, 1997.

ARGAN, G. C. *História da arte como história da cidade*. São Paulo: Martins Fontes, 1993.

BARBUY, H. *A Cidade-Exposição*: comércio e cosmopolitismo em São Paulo, 1860-1914. São Paulo: Edusp, 2006.

BENASSI, K. *Do artífice ao peão*: a constituição e a quebra do reconhecimento do trabalhador da construção civil. São Paulo, 2008. Dissertação (Mestrado em Arquitetura e Urbanismo) – Faculdade de Arquitetura e Urbanismo, Universidade de São Paulo.

BENJAMIN, W. *Magia e técnica, arte e política*: ensaios sobre literatura e história da cultura. São Paulo: Brasiliense, 1996.

BLAY, E. A. *Eu não tenho onde morar – vilas operárias na cidade de São Paulo*. São Paulo: Nobel, 1985.

BLUTEAU, R. *Vocabulario portuguez & latino*: aulico, anatomico, architectonico. Coimbra: Collegio das Artes da Companhia de Jesus, 1712-1728. 8v. Disponível em: http://www.brasiliana.usp.br/pt-br/dicionario/edicao/1.

BOURDIEU, P. *A economia das trocas simbólicas*. São Paulo: Perspectiva, 2009.

151

BRITO, M. S. *A participação da iniciativa privada na produção do espaço urbano*: São Paulo, 1890-1911. São Paulo, 2000. Dissertação (Mestrado em Geografia Humana) – Faculdade de Filosofia, Letras e Ciências Humanas, Universidade de São Paulo.

BRUNO, E. S. *História e tradições da cidade de São Paulo*. São Paulo: Hucitec, 1984.

BUENO, B. P. S. *Aspectos do mercado imobiliário em perspectiva histórica*: São Paulo (1809-1950). São Paulo: FAUUSP, 2008.

_____. *Desenho e desígnio*: o Brasil dos engenheiros militares (1500-1822). São Paulo: Edusp, 2012.

_____. Novos voos historiográficos sobre as práticas de produção material da arquitetura no Brasil. In: LOPES, J. M.; LIRA, J. (Orgs.). *Memória, trabalho e arquitetura*. 1.ed. São Paulo: CPC/ Fapesp/ Edusp, 2013, v.1. p.97-108.

CAMPOS, C. M. *Os rumos da cidade.* Urbanismo e modernização em São Paulo. São Paulo: Senac, 2002.

CAMPOS, E. *Arquitetura paulistana sob o Império – aspectos da formação da cultura burguesa em São Paulo*. São Paulo, 1997. 4v. Tese (Doutoramento em Estruturas Ambientais Urbanas) – Faculdade de Arquitetura e Urbanismo, Universidade de São Paulo. Atualizada em 2013.

CARVALHO, M. C. W. de. *Ramos de Azevedo.* São Paulo: Edusp, 2000.

CHARTIER, R. *A história ou a leitura do tempo.* Belo Horizonte: Autêntica, 2009.

COSTA, E. V. da. *Da monarquia à república, momentos decisivos*. São Paulo: Brasiliense, 1987.

COSTA, W. P. Estratégias Ladinas: o imposto sobre o comércio de escravos e a legalização do tráfico (1831-1850). In: *Novos Estudos Cebrap*, n.67, São Paulo, Nov. 2003, p.57-75.

DOSSE, F. *O desafio biográfico*: escrever uma vida. São Paulo: Edusp, 2009.

EPRON, J. P. *Comprendre l'éclectisme*. Paris: Norma Éditions, 1997.

FABRIS, A. (Org.). *Ecletismo na arquitetura brasileira*. São Paulo: Livraria Nobel, 1987.

FERRO, S. *Arquitetura e traballho*. São Paulo:Cosac-Naif, 2006.

FICHER, S. *Os arquitetos da Poli*: ensino e profissão em São Paulo. São Paulo: Edusp, 2005.

FOUCAULT, M. *Segurança, território, população*. São Paulo: Martins Fontes, 2008.

_____. *Do governo dos vivos*. São Paulo: Centro de Cultura Social, 2009.

_____. *O corpo utópico, as heterotopias*. São Paulo: n-1 Edições, 2013.

FRANCISCO, R. de C. *Construtores anônimos em Campinas (1892-1933)*: fortuna crítica de suas obras na historiografia e nas políticas de preservação da cidade. São Paulo, 2013. Tese (Doutoramento em Arquitetura e Urbanismo) – Faculdade de Arquitetura e Urbanismo, Universidade de São Paulo.

GENNARI, L. *As casas em série do Brás e da Mooca*. São Paulo, 1995. Dissertação (Mestrado em Arquitetura e Urbanismo) – Faculdade de Arquitetura e Urbanismo, Universidade de São Paulo.

GORDINHO, M. *Liceu de Artes e Ofícios de São Paulo*: missão excelência. São Paulo: Marca D'Água, 2000.

HOMEM, M. C. N. Mudanças espaciais na casa republicana. A higiene pública e outras novidades. *Pós-* (Revista do Programa de Pós-Graduação em Arquitetura e Urbanismo da FAUUSP), São Paulo, n.3, p.5-18, jun. 1993.

_____. *O palacete paulistano e outras formas de morar da elite cafeeira (1867-1918)*. São Paulo: Martins Fontes, 1996.

HOUAISS, A. *Dicionário Houaiss da Língua Portuguesa*. 2. ed. rev. e aum. Rio de Janeiro: Ed. Objetiva, 2004.

LANNA, A. L. D. (Org.). *São Paulo, os estrangeiros e a construção das cidades*. São Paulo: Alameda, 2011. v.1.

LEFÈVRE, J. E. de A. *De beco a avenida*: a história da Rua São Luiz. São Paulo: Edusp, 2006.

LEMOS, C. A. C. *Cozinhas, etc. – um estudo sobre as zonas de serviço da casa paulista*. 2.ed. São Paulo: Perspectiva, 1978.

_____. *Alvenaria burguesa*: breve história da arquitetura residencial de tijolos em São Paulo a partir do ciclo econômico liderado pelo café. 2ed. São Paulo: Nobel, 1989.

_____. *Ramos de Azevedo e seu escritório*. São Paulo: Pini, 1993.

_____. *A República ensina a morar (melhor)*. São Paulo: Hucitec, 1999a.

_____. *Casa paulista*: história das moradias anteriores ao ecletismo trazido pelo café. São Paulo: Edusp, 1999b.

LEPETIT, B. *Por uma nova história urbana*. São Paulo: Edusp, 2001.

MARINS, P. C. G. Habitação e vizinhança – limites da privacidade no surgimento das metrópoles brasileiras. In: SEVCENKO, N. (Org.); NOVAIS, F. A. (Dir.). *História da vida privada no Brasil*, v.3 (República: da Belle Époque à Era do Rádio). 1.ed. São Paulo: Companhia das Letras, 1998. p.131-214.

_____. *Através da rótula*: sociedade e arquitetura urbana no Brasil, séculos XVII a XX. São Paulo: Humanitas/ FFLCH/ USP, 2001.

MELLO, J. Da arqueologia portuguesa à arquitetura brasileira. *Revista do Instituto de Estudos Brasileiros*, São Paulo, n.44, p.69-98, set. 2006.

_____. *O arquiteto e a produção da cidade*: a experiência de Jacques Pilon, 1930-1960. São Paulo: Annablume, 2012.

MENESES, U. T. B. de. A História, cativa da memória? *Revista do Instituto de Estudos Brasileiros*, São Paulo, n.34, p.9-23, 1993.

MICELI, S. SPHAN: refrigério da cultura oficial. *Revista do Patrimônio Histórico e Artístico Nacional*, Rio de Janeiro, n.22, 1987.

_____. Intelectuais e classe dirigente no Brasil (1920-1945). In: MICELI, S. *Intelectuais à brasileira*. São Paulo: Companhia das Letras, 2001.

_____. *Nacional estrangeiro*: história social e cultural do modernismo artístico em São Paulo. São Paulo: Companhia das Letras, 2003.

MORSE, R. M. *Formação histórica de São Paulo*. Da comunidade à metrópole. São Paulo: DEL, 1970.

NOVAIS, F. A.; SILVA, R. F. da (Orgs.). *Nova história em perspectiva*. São Paulo: Cosac Naify, 2011.

OLIVEIRA, M. L. F. *Entre a casa e o armazém*. São Paulo: Alameda, 2005.

PARETO JR., L. *O cotidiano em construção*: os práticos licenciados em São Paulo, 1893-1933. São Paulo, 2011. Dissertação (Mestrado em Arquitetura e Urbanismo) – Faculdade de Arquitetura e Urbanismo, Universidade de São Paulo.

PARETO JR., L. O cotidiano em construção: a trajetória profissional dos práticos licenciados em São Paulo (1893-1933). In LOPES, J. M.; LIRA, J. (Orgs.). *Memória, trabalho e arquitetura*. 1.ed. São Paulo: Edusp, 2013, v.1. p.67-81.

PATETTA, L. Considerações sobre o Ecletismo na Europa. In: FABRIS, A. (Org.). *Ecletismo na arquitetura brasileira*. São Paulo: Livraria Nobel, 1987. p.9-27.

PUPPI, M. *Por uma história não moderna da arquitetura brasileira*: questões de historiografia. Campinas: Pontes Editores, 1998.

QUEIROZ, S. R. R. de. Política e poder público na cidade de São Paulo: 1889-1954. In: PORTA, P. (Org.). *História da cidade de São Paulo*: a cidade na primeira metade do século XX. São Paulo: Paz e Terra, 2004, v.3.

RAMALHO, M. L. P. *Da Beaux-Arts ao Bungalow. Uma amostragem da arquitetura eclética no Rio de Janeiro e em São Paulo*. São Paulo, 1989. Dissertação (Mestrado em Arquitetura e Urbanismo) – Faculdade de Arquitetura e Urbanismo, Universidade de São Paulo.

RAMINELLI, R. História urbana. In: CARDOSO, C. F.; VAINFAS, R. (Orgs.). *Domínios da História*: ensaios de teoria e metodologia. Rio de Janeiro: Elsevier, 1997. p.185-202.

REIS FILHO, N. G. Habitação popular no Brasil – 1880-1920. *Cadernos de Pesquisa do LAP*, São Paulo, n.2, set.-out. 1994. (Série Habitação Popular.)

REIS FILHO, N. G. *Racionalismo e Proto-Modernismo na obra de Victor Dubugras*. São Paulo: FBSP, 1997.

_____. *Quadro da arquitetura no Brasil*. 10.ed. São Paulo: Perspectiva, 2002. (Coleção Debates n.18.)

_____. *São Paulo*: Vila Cidade Metrópole. São Paulo: Prefeitura de São Paulo/ Bank Boston, 2004.

RODRIGUES, M. *Imagens do passado*. A instituição do patrimônio em São Paulo, 1969-1987. São Paulo: Editora Unesp/Imprensa Oficial do Estado/Condephaat/Fapesp, 2000.

ROLNIK, R. *A cidade e a lei – legislação, política urbana e territórios na cidade de São Paulo*. São Paulo: Studio Nobel/ FAPESP, 1997.

SALMONI, A. e DEBENEDETTI E. *Arquitetura italiana em São Paulo*. São Paulo:Perspectiva, 1981.

SAMPAIO, M. R. A. de. O papel da iniciativa privada na formação da periferia paulistana. *Espaço & Debates*, São Paulo, n.37, 1994.

SCHNECK, S. *Formação do bairro do Bexiga em São Paulo*: loteadores, proprietários, construtores, tipologias edilícias e usuários. São Paulo, 2010. Dissertação (Mestrado em Arquitetura e Urbanismo) – Faculdade de Arquitetura e Urbanismo, Universidade de São Paulo.

SEGAWA, H. *Prelúdio da metrópole*: Arquitetura e Urbanismo em São Paulo na passagem do século XIX ao XX. São Paulo: Ateliê Editorial, 2000.

SEVCENKO, N. *Orfeu extático na metrópole*: São Paulo, sociedade e cultura nos frementes anos 20. São Paulo: Companhia das Letras, 1992.

SEVCENKO, N. *Literatura como missão – tensões sociais e criação cultural na Primeira República*. São Paulo: Companhia das Letras, 2003.

_____. (Org.). Introdução. O prelúdio republicano, astúcias da ordem e ilusões do progresso. In: NOVAIS, F. A. (Coord.). *História da vida privada no Brasil*, v.3 (República: da Belle Époque à Era do Rádio). São Paulo: Companhia das Letras, 1998.

SILVA, A. de M. *Diccionario da língua portugueza*. Lisboa: Typographia Lacerdina, 1813. Disponível em: http://www.brasiliana.usp.br/pt-br/dicionario/edicao/2.

SIMÕES JR, J. G. *Anhangabaú:* História e Urbanismo. São Paulo, 1995. Tese (Doutoramento em Arquitetura e Urbanismo) – Faculdade de Arquitetura e Urbanismo, Universidade de São Paulo.

SOUZA, J. I. de M. *José de Sá Rocha: engenheiro municipal - uma trajetória pessoal e a formação de um corpo técnico para gestão da cidade*. Informativo Arquivo Histórico de São Paulo, 9 (35): fev.2014. Disponível em: http://www.arquivohistorico.sp.gov.br

STEVENS, G. *O círculo privilegiado*: fundamentos sociais da distinção arquitetônica. Brasília: UNB, 2003.

TOLEDO, B. L. de. *São Paulo*: três cidades em um século. São Paulo: Duas Cidades, 1981.

WOODS, M. N. *From Craft to Profession*. The Practice of Architecture in Nineteenth-Century America. Berkeley/Los Angeles/Londres: University of California Press, 1999.

ICONOGRAFIA

Os materiais iconográficos deste volume pertencem ao AHMWL-SP (plantas e registros de construtores) e à Família Cavalheiro (documentos pessoais). As fotografias, em ambrótipo, que retratam a casa na Rua Uruguaiana, 284, são de autoria de Roger Hama Sassaki.

Título	Joaquim Cavalheiro: um "arquiteto-construtor" no Brás e na Mooca
Autor	Lindener Pareto Jr.
Produção	Edna Onodera
Foto capa	Roger Sassaki e Fernando Fortes (detalhe de ambrótipo digitalizado)
Produção gráfica	Gerson Tung
Projeto gráfico e capa	Ligia Minami
Editoração eletrônica	Ligia Minami
Tratamento de imagens	Gerson Tung
Preparação de texto	Fábio Bonillo
Revisão de texto	Mauricio Santana
Revisão de provas	Gerson Tung
Formato	16 x 23 cm
Tipologia	Minion Pro
Papel	Couchê Fosco LD 90 g/m^2 (miolo) Cartão Triplex LD Ningbo 250 g/m^2 (capa)
Número de páginas	160
Tiragem	1200